Geiriau Gwynfor

geiriau

Peter Hughes Griffiths (gol.)

y olfa

Argraffiad cyntaf: 2006

© Hawlfraint y Casgliad, Peter Hughes Griffiths a'r Lolfa Cyf., 2006

Rhif Llyfr Rhyngwladol: 0 86243 861 6

Cyhoeddwyd, argraffwyd a rhwymwyd yng Nghymru
gan Y Lolfa Cyf., Talybont, Ceredigion SY24 5AP
e-bost ylolfa@ylolfa.com
gwefan ylolfa.com
ffôn (01970) 832 304
ffacs 832 782

CYNNWYS

Cyflwyniad 6

Rhagair 8

Gwynfor – fy nhad 10

Cyn 1945 14

Achub y Gymraeg 23

Radio a Theledu 32

Etholaeth Caerfyrddin 46

Westminster 57

Llyfrau Gwynfor 67

Pobol 88

Senedd i Gymru 114

Datganoli 124

Trawsfynydd a Thryweryn 129

Trechu Anawsterau 142

Ralïau 146

Rhyngwladol 150

Safbwynt Gwynfor 154

Wedi'r Refferendwm 159

Darluniau o Gwynfor 163

CYFLWYNIAD

Wrth ail-ddarllen y geiriau hyn fe ddaw atgofion a chyd-destun eu llefaru a'u sgrifennu am y tro cyntaf i gof. Dycnwch y teithio diddiwedd i gannoedd o gyfarfodydd bach a mawr i draethu neges wleidyddol genedlaethol a rhyngwladol. Yr oriau o ddarllen a sgrifennu di-ball i argyhoeddi cynulleidfa o ddadansoddiad gweledigaethol o hanes gwlad a chenedl a byd. Yr ymgyrchu gwleidyddol wedyn mewn pwyllgorau a chynghorau, llysoedd a seneddau yn cynnig argymhellion na fyddent yn aml yn cael eu heilio. Ac ar ben y cyfan y dasg amhosib ymron o sicrhau undod plaid wleidyddol nad oedd hi bob amser yn siŵr a oedd hi am fod yn blaid o fath yn y byd. Y methiannau aml, a'r llwyddiannau annisgwyl, a'r ymdrech i gynnal gobaith am newid barn pobl o bob math.

I'r sawl sy'n darllen y geiriau yma am y tro cyntaf efallai mai fel geiriau hanesyddol ymhob ystyr y'u deellir. Geiriau wedi dyddio o bosib wrth i'w hystyr newid ers y cyfnod y'u llefarwyd nhw gyntaf. Eithr os yw'r geiriau wedi newid eu hystyr oni ddigwyddodd hynny yn rhannol oherwydd bod y dadleuon a gychwynnwyd yn y geiriau hynny ar y pryd wedi creu ymateb, wedi dod yn sgwrs neu ddisgwrs cenedlaethol fwy? Dyhead mewn gair oedd 'y genedl' ar ddechrau gyrfa awdur y geiriau hyn, o leiaf fel sefydliad gwleidyddol. Bellach mae 'Cymru/Wales' yn bod fel uned ddemocrataidd ar fap Undeb Ewropeaidd a Theyrnas Unedig. Ac mae hi'n bod i raddau unigryw oherwydd bod y geiriau a welir yma wedi eu llefaru ac wedi'u deall gan ddigon o ddarllenwyr a gwrandawyr ar y pryd, a'u bod wedi ymateb iddynt.

Slogan ymgyrchu oedd 'Senedd' yng Nghymru pan ddefnyddiwyd y gair yn wreiddiol. Bellach mae hi yn adeilad cynaliadwy arobryn o lechi'r Feirionnydd oedd mor annwyl gan yr awdur, heb anghofio'r coed derw cynhenid o Benfro a Maldwyn a Mynwy. Mae hi'n adeilad cyhoeddus Cynulliad Cenedlaethol gwahanol iawn i'r hyn y dyhëwyd amdani. Mewn rhai agweddau yn llai nag a fwriadwyd, ond mewn ffurf a phensaernïaeth a phosibiliadau yn sicr yn fwy nag a ddychmygwyd.

Ond felly mae hi'n digwydd bob tro yn y byd a'r bywyd gwleidyddol. Dyw'r geiriau, er mor huawdl y bônt, yn ddim ond rhagarweiniad i'w gwireddiad. Proffwydoliaeth neu esboniad neu ddathliad o'r digwyddiad. Ond mae ei chyfrwng hefyd yn rhan o'r traethu. Drwy athronyddu yn wleidyddol am y genedl yn Gymraeg fe gyfrannodd awdur y geiriau at ei hail-ddiffinio ac fe roddodd fywiogrwydd newydd yng nghynnwys llenyddol yr iaith honno drwy ei defnyddio felly, heb anghofio'r anghenraid mewn cymdeithas amlieithog i gyfieithu. Heddiw mae angen geiriau newydd mewn cyfnod newydd. Oherwydd dyw ail-ddarllen yr hen eiriau, er cystal y bônt, ddim yn ddigon. Rhaid eu deall yn eu cyd-destun hanesyddol er mwyn canfod pa eiriau i'w defnyddio mewn cyd-destun newydd cyfoes. Does dim sôn bod y sgwrs genedlaethol a gynhyrchwyd gan awdur y geiriau hyn am ddod i ben.

Os yw'r cyd-destun cenedlaethol wedi ei drawsnewid, un agwedd na newidiwyd, ers ynganiad cyntaf y geiriau hyn, yw'r byd rhyngwladol. Mae'r geiriau sy yma am ryfel a heddwch a chyfiawnder cyfreithlon cydwladol ac am ddifethdod amgylchedd ac adnoddau yn siarad yn ddigyfrwng wrthym. Deall Cymru newydd mewn hen fyd adfydus a pheryglus a'r berthynas rhyngddynt yw her ail-ddarllen geiriau Gwynfor.

Yr Arglwydd Dafydd Elis-Thomas

RHAGAIR

Detholiad bychan bychan, sydd ond megis yn agor cil y drws ar yr hyn a lefarwyd ac a ysgrifennwyd gan Gwynfor Evans yn ystod ei fywyd yw'r gyfrol hon.

Ers i Gwynfor ddod yn Llywydd Plaid Cymru ym 1945 mae'n anodd iawn amgyffred nifer yr erthyglau swmpus, bron yn fisol, a gyfrannodd i'r *Ddraig Goch* yn Gymraeg ac i'r *Welsh Nation* yn Saesneg. Cyfrannodd erthyglau eraill yn rheolaidd i'n papurau dyddiol ac wythnosol yn ogystal ag i gylchronau dirifedi o fewn a thu allan i Gymru. Byddai'n paratoi adroddiadau a chyflwyno tystiolaethau i gyrff cyhoeddus ar bob lefel yn gyson. Hefyd, byddai angen paratoi ac anfon datganiadau i'r wasg ac i'r cyfryngau'n wythnosol, yn seiliedig ar y lliaws o anerchiadau a draddodai ym mhob rhan o Gymru, o flwyddyn i flwyddyn, a hynny bron yn ddifwlch am hanner can mlynedd.

Cyhoeddodd gasgliad helaeth o bamffledi a llyfrau hynod o bwysig a gwerthfawr yn y ddwy iaith. Credai'n gryf yn y gair printiedig.

Gobeithio bydd y 'geiriau' a gesglais yn y gyfrol hon yn rhoi blas ichi o ddawn fawr ac ymroddiad llwyr a di-ildio Gwynfor i'r ymgyrch genedlaethol, yn llafar ac yn ysgrifenedig.

Rhaid diolch i deulu Gwynfor am bob cymorth parod gyda'r cynnwys a'r lluniau. I Elfed Roberts, Penrhyndeudraeth, am gael benthyg ei gasgliad cyflawn rhwymedig o'r *Ddraig Goch*. I Alun Jones a staff Y Lolfa am eu help manwl wrth olygu'r gyfrol ac i'r Cyngor Llyfrau am y gwaith graenus gyda'r proflenni.

Cyhoeddir y gyfrol hon ar drothwy agoriad swyddogol 'Adeilad Newydd Llywodraeth Cymru' yng Nghaerdydd ar Ddydd Gŵyl Ddewi 2006, digwyddiad a oedd yn rhan bendant a phwysig o weledigaeth a chenhadaeth fawr Gwynfor. Bydd *Geiriau Gwynfor* yn dangos yn glir i ni sut yr aeth ef ati i wireddu ei amcanion. Cyflawnwyd y camau cyntaf. Bydd gweld Senedd Genedlaethol gyflawn ar dir ein gwlad yn y dyfodol yn cwblhau ei weledigaeth.

Rwy'n gobeithio y bydd *Geiriau Gwynfor* yn ein tanio ac yn ein hysbrydoli unwaith eto i fynd rhagom a sicrhau hynny.

Peter Hughes Griffiths

GWYNFOR – FY NHAD

Rwy'n falch iawn o'r cyfle i fod yn rhan o'r cynllun hwn i grynhoi detholiad o eiriau fy nhad a geiriau rhai cyfeillion am fy nhad mewn ffurf ddifyr a darllenadwy. Diolch i Peter am ei waith egniol a manwl yn darllen trwy beth wmbreth o ddeunydd er mwyn casglu'r detholion hyn ynghyd.

I ni, roedd "dadi" neu "tad-cu" yn glamp o ddyn cynnes, llawn hiwmor – yn dynnwr coes heb ei ail ac wrth ei fodd yn chwarae gyda ni blant, pan oedd amser, a gyda'r wyrion, yn arbennig felly ar ôl iddo hanner ymddeol o fywyd cyhoeddus. Mae gennym stôr o atgofion amdano a llu o benillion a ysgrifennai i'r plant adeg eu pen-blwydd neu i ddathlu rhyw achlysur arbennig. Hyd yn oed yng nghanol ei brysurdeb, pe byddai gan un ohonom broblem neu awydd trafod rhyw fater, byddai bob amser yn barod i wrando ac i roi pob cymorth posibl. Nid i ni yn unig chwaith, wrth gwrs, roedd drws Talar Wen bob amser yn agored i unrhyw un alw draw i drafod unrhyw broblem. Nid oedd yn ceisio celu ei rif ffôn na'i gyfeiriad hyd yn oed ar ôl cael ei ethol i'r Senedd; ar y penwythnosau byddai pobl yn galw i'w weld a byddai'n dod nôl o'i wyliau'n gynnar yn aml er mwyn cwrdd â rhywun oedd â phroblem.

Gallaf ei weld yn awr yn llygad fy nghof yn paratoi dweud rhywbeth doniol neu i chwarae rhyw dric; nid oedd yn bosib iddo gwato'i fwriad – byddai pob rhan o'i wyneb yn hollol syth, ond ei lygaid yn disgleirio'n llawn direidi. Byddai fy mam yn dechrau chwerthin dim ond o weld ei wyneb, cyn iddo ddweud dim a byddai'r ddau wedyn yn rholio chwerthin heb fod neb arall yn deall y jôc!

Wrth gasglu llus ar fynydd y Pared byddai'n mynnu wrth y plant, gydag wyneb yn hollol ddi-wên, nad oedd wedi bwyta'r un llusen, ond wrth gwrs byddai ôl y wledd wedi'i rwbio'n goch amlwg o gwmpas ei geg a'r plant yn gweiddi "Celwydd!"

Byddai'n esgus bod ganddo hanner chwaer o America yn galw i'w weld pan fyddem ni'n mynd draw i Dalar Wen. Anti Jini oedd ei henw ond fy nhad fyddai wedi gwisgo dillad fy mam a balŵns anferth o dan ei siwmper yn unswydd i wneud i'r plant chwerthin.

Ysgrifennodd Angharad Clwyd (un o'r 14 o wyrion) lith Saesneg (i fod!) amdano pan oedd hi'n 11 oed; dyma ddyfyniad:

'One bad habbit about my grandfather is that he always say "Edrychwch ar yr olygfa yna, 'yn dyw e'n fendigedig." And that goes on my nervous he just carries on about the tree ore what ever view he justsaw he says things like "Weloch chi siâp oedd y goeden na yn neud ar ôl iddi gael ei chwythu gyda'r gwynt." And he make such a funny face when he says this his mouth is sort of shaking and his eyes are sparkling.'

Am weddill ei oes byddai'n cyfeirio at rywbeth yn 'goes on my nervous' er mwyn poeni Angharad!

Wedi dod i fyw i Bencarreg, byddai'n galw yn aml i fynd â ni i lan y môr ac mae'r plant yn cofio'r teithiau hynny gyda llawer o foddhad; y chwerthin a'r canu uchel yn y car – yn arbennig ar Bugeilio'r Gwenith Gwyn, un o'i hoff ganeuon gwerin. Mae hyn yn dwyn i gof ochr ystyriol ei gymeriad; roedd gan y plant athrawes yn Llanfihangel oedd yn frwd dros ddysgu caneuon gwerin Cymru i'w disgyblion ac fe anfonodd fy nhad lythyr ati i ddiolch iddi am ei gwaith. Byddai'n anfon llu o lythyrau, yn ei lawysgrif ei hun yn aml, i ddiolch i hwn a'r llall am y cymwynasau lleiaf a mwyaf. Ni fyddai byth yn dweud wrthym ni na'n plant "Cer i ffwrdd rwy'n rhy brysur," ac ni chododd erioed fys atom i'n ceryddu (er cymaint yr haeddem hynny'n aml). Roedd ei amynedd gyda phlant yn ddi-ben-draw.

Wrth i mi dyfu a ffurfio rhai syniadau fy hun a cheisio ysgrifennu barddoniaeth a rhyddiaith, byddai ganddo bob amser sylwadau calonogol i'm hannog ymlaen a'i bwyslais oedd bod yn rhaid i bob ysgrifennu creadigol fod yn "onest". Pan benderfynais weithredu gyda Chymdeithas yr Iaith, ni wnaeth erioed geisio fy rhwystro ac mae nifer o fy ffrindiau'n cofio am ei haelioni i ni pan oeddem mewn cell yr heddlu neu yng ngharchar. Gwnaeth bopeth posibl i'n cynorthwyo gydag amynedd a hiwmor.

Credaf fod ei hiwmor weithiau'n rhy sych i bobl ei werthfawrogi. Mae ei hunangofiant yn llawn hiwmor – er enghraifft, pan mae'n sôn amdano ef a'r ddau Ddafydd "yn mynd i brofedigaeth" wedi etholiad 1974, yntau wrth gwrs yn llwyr ymwrthodwr yn wahanol i'w ddau gydymaith. Daeth un o'r gweinyddesau ato fore trannoeth gan ddweud, "You was in an awful state last night wasn't you Mr Evans?" ac ychwanega'r sylw, "Dioddefwn brofedigaethau fel hyn yn rhy aml!" Darllenais mewn erthygl amdano, wedi iddo farw, fod yr hanesyn hwn yn dangos pa mor groen-denau a di-hiwmor ydoedd! Ond fe'i clywais yn adrodd yr hanesyn gan chwerthin yn iach wrth ddynwared llais y ferch yn ei gyhuddo o fod "in an awful state". Fe fyddai ef mae'n siŵr wedi gweld ochr ddoniol y cam-ddeall hwn hefyd, ond rhaid cyfaddef fod y camliwio a fu ar ei bersonoliaeth gynnes yn gallu ein brifo ni sydd ar ôl.

I nifer o bobl, ei garisma fel arweinydd ac fel siaradwr cyhoeddus oedd yn creu yr argraff. Tueddai ef i fod yn ochelgar wrth ddefnyddio hyn i bwrpasau gwleidyddol a chofiaf amdano'n sôn am gyfarfod lle daeth amryw o lanciau ifanc ato i dynghedu "gwneud unrhyw beth" er ei fwyn; roedd yn anghyffyrddus iawn gyda chyfrifoldeb o'r fath. Byddai gorganmol neu wenieithu yn peri embaras mawr iddo er ei fod hefyd yn falch o gael cydnabyddiaeth am y gwaith mawr a wnaethai. Gwelais effaith ei garisma hyd yn oed ym mlynyddoedd olaf ei oes ar y merched (Saeson bron bob un) oedd yn gofalu mor dyner amdano ef a fy mam. Roeddynt yn dwli arno ac yn barod i wneud llawer mwy na'u dyletswydd er ei fwyn ef a fy mam. Yn aml deuai sŵn chwerthin iach o'r ystafell uwchben, rhyw dro trwstan neu rhyw stori neu'i gilydd a'r merched yn dod mas gan ddweud, "Oh, he is naughty your dad!" Byddai wedi perswadio pob un i ddysgu rhywfaint o Gymraeg ac yn prynu cardiau Cymraeg a llyfrau i'w plant i'w hannog ymlaen i feddwl am eu hunain fel Cymry. Ni fyddai pall ar ei genhadu pwy bynnag ddeuai i'w weld.

Hyd y diwedd roedd ganddo ddiddordeb ysol yn y materion oedd yn effeithio ar ein bywydau ni ac ar Gymru. Fe wn ein bod ni, blant ac wyrion i gyd, yn diolch am y fraint o gael rhieni mor annwyl a chariadus, ond gwyddem hefyd y byddai rhaid i ni, bob amser, rannu "Gwynfor" gyda gweddill ein cyd-genedl, a diolch am hynny.

Meinir Ffransis

CYN 1945

Y Dechrau

Bu'r ddwy flynedd yn y chweched dosbarth o bwys mawr i mi. Dyna'r adeg y deuthum yn ymwybodol o ryfeddod Cymru, ac o felltith rhyfel a phwysigrwydd y bywyd cydwladol. Roeddwn yn gyd-genedlaetholwr am flynyddoedd cyn i mi ddod yn genedlaetholwr.

Yn ddwy ar bymtheg oed daeth darllen Cymraeg yn fwyfwy gafaelgar – rhoddai Cymraeg W J Gruffydd a Kate Roberts, Williams Parry a Parry-Williams a llawer un arall fwy o wefr nag a gawn wrth ddarllen llenyddiaeth Saesneg. Mae'n debyg i mi brofi rhywbeth tebyg i droëdigaeth y flwyddyn honno. Daeth Cymru yn fyw iawn i mi.

Wrth grwydro gwlad Cymru argraffai ei phrydferthwch cyfareddol yn ddwfn ar feddwl a theimlad, ac o hyd gall harddwch llecyn a golygfa gipio fy ngwynt a thynnu dagrau.

Er hyn oll, âi sbel o amser heibio cyn y cawn wybod am genedlaetholdeb Cymreig, na hyd yn oed sylweddoli fy mod yn perthyn i genedl a chanddi hawl ar fy nheyrngarwch.

Cwmni bychan yng Ngholeg Aberystwyth nad oeddwn i'n perthyn iddyn nhw, ond a fyddai'n tyfu mewn dylanwad ymhen amser, oedd y cenedlaetholwyr. Hyd y gallwn weld, fe'u cyfyngid i'r Adran y Gymraeg ac i'r Coleg Diwinyddol. Y gweithgaredd a'u dygodd i'm sylw i oedd gwerthu'r *Ddraig Goch* ar strydoedd y dref. Cofiaf bedwar wrthi yn fy mlwyddyn olaf – Gwyndaf Evans, Gwennant Davies, Eic Davies a Hywel D Roberts. Gan Hywel y prynais y copi o'r *Ddraig* a'm cyflwynodd i'r Blaid. Ryw dro wedyn prynais lyfr melyn a welais tu allan i siop Jac Edwards, *The Economics of Welsh Self-Government* gan Dr D J Davies. Fe'm hargyhoeddwyd gan hwn fod polisi'r cenedlaetholwyr yn economaidd ymarferol. Penderfynais ymuno â hwy.

Cerddais adref i'r Barri ar ddiwedd fy nhymor olaf. Drannoeth euthum at Miss Cassie Davies yng Ngholeg y Barri ac ymuno â Phlaid Genedlaethol Cymru.

Bywyd Cymro, 1982

Ymaelodi Gwynfor

Cychwynnwyd Adran fechan o Urdd Gobaith Cymru yn y lle [Barri] gan Miss Lal Davies, rhyfeddol ei dycnwch a'i ffyddlondeb, a Changen o Blaid Genedlaethol Cymru gennyf innau. A dyma'r pryd y dechreuodd dyn ifanc hynod o olygus o'r Barri yn gwisgo blaser Coleg Aberystwyth alw i'm gweld er mwyn cael siarad am y Blaid newydd hon a gofyn am gael ymuno â hi. Testun ymffrost a llawenydd bythol i mi yw mod i wedi cael y fraint o dderbyn Gwynfor Evans yn aelod o'r Blaid yn y flwyddyn 1934, ac mai gyda fi y siaradodd e gynta yn un o'i chyfarfodydd a hynny yng Nglyn Nedd. Ychydig iawn a feddyliais i bryd hynny y byddai Gwynfor yn dod i chwarae rhan mor flaenllaw a mor dyngedfennol bwysig ym mywyd Cymru ac y gwelwn i'r dydd gorfoleddus y dewisid ef gan Sir Gaerfyrddin yn Aelod Seneddol cyntaf Plaid Cymru.

Hwb i'r Galon, Cassie Davies

Dechrau Ymgyrchu

Am dros ddwy flynedd bûm yn bwrw fy mhrentisiaeth fel cyw cyfreithiwr yng Nghaerdydd gan fyw gartref yn y Barri.

Rhan o eironi llym y cyfnod llwyd hwn oedd mai'r rhyfel, y gweithiwn i'w osgoi, a ddygodd waith i Gymru. Cafodd y Saeson hwyl fawr wrth wrando ar Marquand yn gwawdio awgrym gennyf na fyddai sefyllfa Cymru mor enbyd o ddrwg pe buasai hi yn wlad ymreolus. Aethom i Ddowlais i weld canlyniadau'r diweithdra. Roedd 90 y cant o'r gweithwyr dur a glo yn ddi-waith.

Gwelwn effaith dychrynllyd y dirwasgiad mewn cymoedd eraill, Taf a Rhymni, Rhondda a Chynon, pan awn i siarad dros y Blaid mewn cyrddau awyr-agored.

Dewisem le hwylus i gynnal y cyrddau, ar gornel stryd neu ar sgwâr neu dwyn. Ac yna dechrau traethu. Tra byddai un ohonom wrthi'n siarad – heb gymorth corn, gyda llaw – byddai'r lleill yn crwydro i werthu papurau.

Oliver J Evans a drefnodd gannoedd o'r cyrddau hyn yng nghanol a gorllewin Morgannwg a de Sir Gaerfyrddin. Dosbarthai daflenni bach drwy'r ardal i hysbysebu pob cwrdd. Ar y dechrau tueddai Oliver, fel llawer un arall, i gredu fy mod yn rhy feddal ('gentle' oedd ei air caredig ef) i wynebu cyrddau gerwin fel y gallai ambell gwrdd fod.

Cwrdd awyr-agored nodedig oedd hwnnw pan enillodd Wynne Samuel, y siaradwr grymusaf yn y Blaid mae'n siŵr gen i, Trefor Beasley i'r Blaid, pan oedd yntau'n ysgrifennydd cyfrinfa pwll glo Llangennech.

Enbyd o ddiymadferth oedd y Cymry yn wyneb y gyflafan gymdeithasol a'u goddiweddodd yn sgil y dirwasgiad nad oedd ganddynt y gallu i wneud dim oll yn ei gylch, dim ond pasio penderfyniadau cryfion ond ofer, fel yr un a gynigiais i yng nghynhadledd Undeb yr Annibynwyr ym Mlaenau Ffestiniog yn 1938, yn galw ar yr Undeb i daflu ei bwysau y tu ôl i'r ymgyrch i sicrhau 'Cynllun Economaidd i Gymru' fel 'y gallo ddiogelu ei pharhad ymhlith cenhedloedd daear.' Cyhoeddodd y penderfyniadau na ellid disgwyl dim oddi wrth Lundain a bod y dydd wedi dod pan oedd yn rhaid i Gymru lunio ei chynllun economaidd ei hun.

Heb ddim ond llond dwrn o genedlaetholwyr yn gweithio dros yr achos, a heb ddim ymwybyddiaeth genedlaethol ymhlith trwch y bobl, edrychai'r dyfodol yn ddu iawn. Cwbl Saesneg a Seisnig oedd yr ysgolion a'r sinema, y radio cynyddol ei ddylanwad a'r papurau dyddiol, y pleidiau gwleidyddol a'r cynghorau lleol. Meithrin meddwl Seisnig neu Brydeinig a wnaent oll. Doedd dim rhyfedd mai'r hyn a glywem o hyd oedd bod ein hachos ni'n anobeithiol. Ni welem y Cymry byth yn gweithredu nac yn meddwl drostynt eu hunain fel Cymry.

Bywyd Cymro, 1982

Erthyglau Cyntaf

Yn 1937 daeth y newydd brawychus fod yr RAF am ddwyn darn enfawr o ganol y Fro, gan gynnwys Bethesda'r Fro, hen gapel John

Williams, Sain Tathan, i sefydlu maes awyr. Dilynodd hyn feddiannu Penyberth yng ngwlad Gymraeg Llŷn a charcharu'r Tri. Ychydig a deimlai fel y gwnawn i ynghylch rheibio'r Fro ddi-Gymraeg, a'r cwbl a wnes i rwy'n ofni oedd anfon fy erthygl gyntaf i'r *Ddraig Goch*. Nid hon oedd fy llith gyntaf oll fel cenedlaetholwr chwaith; llythyr o Rydychen i gylchgrawn fy hen ysgol oedd honno ac adargraffwyd rhan ohoni yn y *Western Mail*:

Brwydr y Blaid yn erbyn Rhyfel

Awgrym o bolisi gan Gwynfor Evans, Y Barri

Llawenydd i filoedd yng Nghymru, nad ydynt yn aelodau o'r Blaid Genedlaethol, ydyw'r frwydr ddewr yn erbyn dwyn offerynnau rhyfel i'w broydd hyfrytaf a mwyaf cysegredig. Fe deimlai'r Blaid, yn ddiau, ei bod yn ddyletswydd arni wrthwynebu'r cynlluniau hyn, hyd yn oed pe na byddent yn rhan o bolisi ffôl ailarfogi. A phwrpas hyn o erthygl fydd ceisio dwyn sylw at bwysigrwydd y frwydr arall hon y mae tân Penyberth, mewn ffordd, yn symbol ohoni – nid dim llai na'r frwydr dros fywyd a gwareiddiad Ewrop...

Apêl Synnwyr Cyffredin

Un ffordd glir yn unig a gynigia ei hun i ni o dan yr amgylchiadau eithriadol hyn, sef yw hynny, llwyr ymwrthod â chymryd rhan mewn rhyfel rhwng y cenhedloedd. Fe gred rhai ohonom fod hyn yn rhan o'n dyletswydd moesol... Boed pwrpas rhyfel yr hyn a fynn, yr un fydd ei ganlyniadau – dinistr ein gwareiddiad... A chyda methiant y Blaid Lafur nid oes polisi dewr ac addawol ar gwestiwn hollbwysig heddwch gan un o'r pleidiau Seisnig...

Cyfle'r Blaid

Onid braint a dyletswydd y Blaid Genedlaethol yw cymryd y baich o roi arweiniad?

... Dyma'r weledigaeth – y Blaid Genedlaethol yn gwneud heddwch y cwestiwn pwysicaf ar ei rhaglen... Y mae rheswm cryf dros gredu y gwneid mwy o les i achos heddwch trwy ffurfio barn genedlaethol yng Nghymru ar y pwnc…

Nyni, y Blaid Genedlaethol, a ddylai arwain, uno ac ysbrydoli y Cymry sydd am rwystro rhyfel; a Chymru a ddylai arwain Prydain. Os methwn yma y mae'n dra thebyg yr â ein holl waith yn ofer, a'n gobeithion am Gymru newydd yn yfflon.

Raison d'être y Blaid ydyw ei bod hi'n brwydro i achub bywyd Cymru: gelwir arni yn awr i ymdaflu ei hun i'r frwydr dros fywyd Ewrop a'i gwareiddiad.

(Detholiad allan o erthygl gyntaf Gwynfor Evans yn Y Ddraig Goch, Ionawr 1937. Yn gyson, cyfrannodd Gwynfor erthyglau a datganiadau manwl a swmpus yn ddifwlch i'r Ddraig Goch am yr hanner can mlynedd nesaf.)

Rhyddhad Diamod

Tipyn o syndod oedd cael gan Dribiwnlys gwrthwynebwyr cydwybodol ryddhad diamod rhag mynd i'r lluoedd arfog. Ychydig iawn a gâi hyn. Rwy'n gweld nawr mai hunanweniaith oedd credu y cawn sbel hir o garchar dan amodau tebyg i'r rhai a brofodd Gwenallt ac a ddisgrifiodd yn *Plasau'r Brenin*. Fodd bynnag, yr hyn a ddewisais wneud oedd tyfu tomatos – anticleimacs os bu un erioed! Crëwyd cwmni teuluol gan fy nhad, a gododd dai gerddi ar dir Wernellyn, fferm a brynasai yn Llangadog saith mlynedd ynghynt. Ac yn y tŷ fferm y bûm i'n byw.

Parheais i fyw yno ar ôl y rhyfel am fod natur y gwaith a'i leoliad yn fy ngalluogi i deithio i bob rhan o Gymru fel propagandydd neu efengylwr crwydrol.

Bywyd Cymro, 1982

Undeb Cymru Fydd

'Pwyllgor Diogelu Diwylliant Cymru' oedd enw lletchwith y mudiad cenedlaethol pwysicaf i weithio dros Gymru yn ystod y rhyfel. Fe'i symbylwyd gan lythyr a anfonwyd i'r *Manchester Guardian* gan Saunders a JE Daniel yn apelio am sefydlu mudiad cenedlaethol amhleidiol a amddiffynnai'r Cymru mewn ffordd na allai'r Blaid

Genedlaethol ei wneud o dan amgylchiadau anrheithiol y rhyfel – mewnfudiad noddedigion; trosglwyddo gweithwyr, yn ferched yn fwy na gwŷr, i weithio yn niwydiannau canolbarth Lloegr; gorfodaeth filwrol ac ati. Casglodd y mudiad, a fedyddiwyd yn Undeb Cymru Fydd ar fy awgrym i, wedi'r rhyfel, rai o'n pobl flaenaf ynghyd i'r cyngor canol a gyfarfyddai yn Aberystwyth. Ac fe sefydlwyd amryw o bwyllgorau sirol megis un sir Gaerfyrddin yr oeddwn i'n ysgrifennydd iddo. Gellir priodoli effeithiolrwydd y mudiad i T I Ellis, ei ysgrifennydd tra effeithiol a chwbl ymroddgar, a gyflawnai'r gwaith fel llafur cariad. Mae ar Gymru ddyled drom iddo.

Bywyd Cymro, 1982

Brwydr Epynt (1940 Ymlaen)

Un o frwydrau cynnar y mudiad oedd honno i achub Mynydd Epynt a'i saith cwm rhag y Swyddfa Ryfel. Fel rhan o'r frwydr hon cynhaliwyd saith neu wyth o gyrddau o gwmpas y mynydd, yn Nhrecastell a Phontsenni, Llanwrtyd a Thirabad, neu yn y llefydd bach iawn yng nghymoedd y mynydd fel Llandeilo'r-fan a Merthyr Cynog. Fy nghyd-siaradwr ym mhob cwrdd oedd Dyfnallt, merlyn gwyllt o'r Mynydd Du. Gofynnodd Pwyllgor Gwaith y Blaid i J E Jones fynd o gwmpas y ffermydd a gwnaeth hynny gyda'i drylwyredd arferol. Roeddwn wedi dod i adnabod J E ar bwyllgorau gwaith y Blaid, ond ar Epynt y daethom yn gyfeillion mawr. Byddwn yn cydweithio'n agos ag ef am chwarter canrif a mwy ar ôl hyn, cyfnod pan ddaliai ef y Blaid ynghyd, a meithrin ei thwf yn ofalus trwy lafur aruthrol ei faint.

Meddiannodd y Swyddfa Ryfel ddeugain mil o aceri yn gyflym, yr holl fynydd a'i gymoedd. Chwalwyd cymdeithas Gymraeg ddiwylliedig Epynt, gyda bron bedwar cant o bobl yn cael eu gwasgaru dros Gymru a'r tu allan iddi. Buasai rhai o'r teuluoedd yn byw yn yr un man ers pum canrif. Torrodd rhai eu calonnau.

Bywyd Cymro, 1982

Gwanwyn Eto Yng Nghymru gan Gwynfor Evans, Is-Lywydd y Blaid

Y mae llygaid Cymru a llygaid Lloegr a'r Llywodraeth ar y ddau etholiad yn Nedd a Bwrdeistrefi Arfon. O ganlyniadau'r ddau, tynnir casgliadau a effeithia'n ddwfn ac yn barhaol ar Gymru'r genedl.

Pwnc canolog y ddwy frwydr yw dyfodol Cymru.

Y mae'r dyfodol hwnnw'n dra ansicr. Os parheir i anwybyddu bodolaeth y genedl Gymreig ym mesurau a swyddfeydd y Llywodraeth, nid oes a'i herys ond tranc, a thrueni eto i'w phobl.

Os yw Cymru i fyw, ac os yw ei phobl i gael gwaith a chyfiawnder yn eu gwlad, y mae'n rhaid ennill cydnabyddiaeth sylweddol iddi fel cenedl.

Eithr pe anfonid Cenedlaetholwr i Westminster, un a fyddai'n rhydd oddi wrth hualau'r Pleidiau Seisnig ac oddi wrth ymgiprys am swyddi ac anrhydeddau, tynnid sylw'r Llywodraeth a'r wlad mewn syndod at genedl a anwybyddwyd yn rhy hir. Ni ellid cuddio arwyddocâd y weithred.

Gall etholiadau gwanwyn 1945 beri gwanwyn newydd ym mywyd yr hen genedl hon.

Y Ddraig Goch, Ebrill 1945

Sefyll Fel Cenedl

Fel hyn y mae sicrhau nad ailadroddir hanes truenus Cymru yn y blynyddoedd rhwng y ddau ryfel, pan orfodwyd i bum cant o filoedd o'n cyd-Gymry ymadael â'u gwlad, gan adael 30 y cant o'r gweithwyr a arhosodd i bydru ar y dôl. Digwyddodd hyn mewn gwlad sydd, o'i maint, yn un o'r cyfoethocaf yn y byd. Ni buasai'r fath drychineb wedi digwydd erioed petasai Cymru wedi sefyll fel cenedl a chanddi Blaid annibynnol yn y Senedd.

Geilw'r Blaid Genedlaethol am Gyngor Economaidd i Gymru i drefnu'r wlad yn effeithiol fel uned genedlaethol, gan ddatblygu ei hadnoddau amrywiol er budd Cymru, a chychwyn ffatrïoedd a diwydiannau ysgafn trwy'r wlad.

Ond, sut y daw'r droëdigaeth hon? Sut y mae gorfodi'r llywodraeth i gydnabod bodolaeth Cymru a'i phroblemau i'r graddau hyn? Yn sicr, nid trwy ychwanegu un arall at rif aelodau'r Pleidiau Seisnig yn y Senedd, ond yn hytrach trwy ddanfon Cenedlaetholwr o Gymro a gyhoedda'n ddifloesgni ei fod yno i sicrhau cyfiawnder i Gymru.

Bywyd Cymro, 1982

Ethol yn Llywydd

Erbyn Cynhadledd Llangollen 1945, a gynhaliwyd bum niwrnod cyn gollwng y bom ar Hiroshima, roedd y Blaid wedi ymladd saith sedd mewn etholiad cyffredinol. Yn nhref yr Eisteddfod Gydwladol ar y dydd cyntaf o Awst, fe'm hetholwyd yn Llywydd Plaid Cymru.

Bywyd Cymro, 1982

Llywydd Newydd

Yn Ysgol Haf a Chynhadledd Llangollen, eleni, daeth tymor Mr Abi Williams fel Llywydd y Blaid Genedlaethol i ben, ac ni fynnai ef gael ei enwi am dymor arall. Etholwyd Mr Gwynfor Evans yn llywydd am y ddwy flynedd nesaf.

At Mr Gwynfor Evans yr edrychwn gyda hyder am arweiniad teilwng o'r blynyddoedd tyngedfennol hyn. Gŵyr ef mai Llywyddiaeth y Blaid Genedlaethol yw'r swydd bwysicaf, drymaf ei chyfrifoldeb yng Nghymru. Nid yw ef wedi arbed dim arno ei hun yn achos Cymru, ac fel y dywed yn ei neges 'Cymru yn yr Oes Newydd' y mae'n rhaid gofyn yn awr am gyffelyb ymroddiad gan bob aelod o Blaid Cymru.

Golygyddol Y Ddraig Goch, Hydref 1945

Cymru yn yr Oes Newydd

Gyda'r bom atomig, a ddileodd Hiroshima, cychwynnodd oes newydd. Meddir ar y gallu yn awr i ddileu'r hil ddynol. Rhaid dileu rhyfel neu fe ddileir y ddynoliaeth. Dwy ffordd sydd o ddileu rhyfel. Y naill yw rhoi'r byd dan reolaeth yr Unol Daleithiau, sydd biau'r bom; y llall yw rhoi'r bom dan reolaeth y byd.

Y ffordd gyntaf yw'r hawsaf, eithr yn wrthun am amryw resymau. Er bod yr ail ffordd yn anos, y mae'n fwy moesol, ac yn sicrach o arwain at y gymdeithas fyd-eang y mae rhaid ceisio ei chreu. Y mae'n rhaid i'r byd ddod yn un gymdeithas os yw'r ddynoliaeth i fyw. Buom ni yng Nghymru yn ofni gweld byd lle na ddeellid Pantycelyn…

Pa fath gymdeithas? Cymdeithas o genhedloedd rhydd. Erys y genedl yn unig sail bosibl i gymdeithas fyd-eang, a dwysaodd yr angen am gyfoethogi a phuro bywyd cenedlaethol trwy'r byd. Y mae'r amgylchiadau hyn yn fwy ffafriol i'r ymdrech dros ryddid Cymru nag y buont erioed yn ein hamser ni. Y mae'r newid yn sefyllfa'r Pleidiau Seisnig yn fanteisiol i achos rhyddid Cymru. Mae'n beth da bod y Blaid Lafur yn cael cyfle teg i gyflawni ei rhaglen, ac i brofi didwylledd ei haddewidion i Gymru. Byddwn ni ym Mhlaid Cymru yn barod i achub ar y cyfle. Dyma'r cyfle olaf a gawn ni, ac a gaiff Cymru.

Rhaid i ni wneud ein heithaf i sicrhau Cyngor Economaidd i Gymru. Oni lywodraethir ei bywyd fel uned genedlaethol, a datblygu ei hadnoddau i roi gwaith i'w phobl yn eu gwlad, ni all Cymru fyw. Rhaid i'r Blaid, felly, daflu ei nerth, mewn cydweithrediad ag unrhyw gorff sy'n amcanu at yr un nod, i'r gwaith o ennill i Gymru awdurdod digonol, tebyg i'r hyn a roddwyd i Awdurdod Dyffryn Tennessee, i osod ein bywyd cenedlaethol ar seiliau economaidd diogel.

Nid achubir Cymru trwy ein gwaith arferol. Rhaid wrth ymdrech anghyffredin cyn y gwelwn hi'n rhydd a'i chymdeithas yn firain. Wynebwn y cyfnod newydd yn ysbryd Caradog a Glyndŵr, gan addunedu na chaiff diffyg ymdrech ar ein rhan ni rwystro buddugoliaeth yr achos.

Y Ddraig Goch, Hydref 1945

ACHUB Y GYMRAEG

Sut mae achub y Gymraeg ? – Rhaid ei gwneud yn iaith swyddogol

Yn ystod y ganrif hon cwympodd cyfartaledd y Cymry a fedr siarad Cymraeg o 50 y cant i 28 y cant o boblogaeth Cymru, ac y mae'r cyfartaledd yn debyg o ddisgyn yn is eto cyn dechrau codi. Dyna'r ffaith ddu y mae'n rhaid edrych yn ei hwyneb yn eofn. Ni ellir cyhuddo Plaid Cymru o beidio â'i hwynebu gan iddi, drwy'r blynyddoedd, geisio deffro'r wlad i sylweddoli bod dirywiad.

Y mae yng Nghymru dri chwarter miliwn o Gymry Cymraeg. Wedi'r holl ddifrod a wnaeth llywodraeth ac addysg Saesneg, diwydianaeth a'r dylifiad estronol i mewn i Gymru, rhyfeloedd a'u chwyldro cymdeithasol, trafnidiaeth rwydd a chyflym, y wasg ddyddiol, y sinema, y radio a theledu – trwy'r cyfan oll erys tri chwarter miliwn o Gymry Cymraeg yng Nghymru.

Y mae Cymru Gymraeg, o Fôn i Fynwy, eto'n bosibilrwydd.

Gwaseidd-dra'r Gorffennol

Medwn heddiw y gorffennol, y gwaseidd-dra, y difrawder, yr anobaith, y diffyg gweledigaeth a'r diffyg ewyllys i fynnu'r gallu i greu amodau ffafriol i ddatblygiad y gymdeithas Gymreig.

Ni chafodd Cymru Senedd hyd yma oherwydd diffyg ewyllys. Esbonia hyn hefyd ddirywiad sefyllfa'r iaith.

Rhaid i ni fod yn Gymry yn ein holl fywyd cymdeithasol, mewn politics yn ogystal ag Eisteddfod, a rhaid i'r iaith gael ei defnyddio ymhob rhan o'n bywyd, mewn gweinyddiaeth yn ogystal â chrefydd, os yw'r Gymraeg i barhau.

Ni ellir achub yr iaith heb achub y genedl, na'i hadfer heb ddeffro a rhyddhau'r genedl. Gwneir y pethau hyn pan fynn y Cymry. Ymlaen gan hynny â'r gwaith o wneud cenedlaetholwyr da ohonynt.

Y Ddraig Goch, Awst 1955

Rhybudd i bob Cymro ...

Y mae'r sefyllfa yng Nghymru'n dirywio'n gyflym. Yr ydym wedi hen arfer â galarnadau uwchben enciliad yr iaith. Diau fod llawer o'i charedigion wedi derbyn y sefyllfa yn nwyrain Cymru gan gredu bod siroedd Cymraeg y gorllewin o leiaf yn ddiogel. Os collwyd Cwm Rhondda, cadwyd Cwm Gwendraeth: os aeth Maesyfed erys Sir Gâr.

Ffaith galed heddiw yw diflaniad yr iaith o'r 'Gymru Gymraeg' hithau. Mae ei henciliad heddiw o rannau o Sir Gaerfyrddin yr un mor gyflym ag y bu yng nghymoedd y Rhondda, Tâf, Cynon, Rhymni ac Ogwr.

Y Ddraig Goch, Mawrth 1962

'Cyfle Olaf y Gymraeg'

Mae'r Gymraeg yn marw heddiw am nad oes penderfyniad digon dwys i'w chadw, yn arbennig ymhlith rhieni ac athrawon, aelodau a swyddogion pwyllgorau addysg, ond ymhlith eraill hefyd, gan gynnwys gweinidogion ac aelodau eglwysi Cymraeg. Mewn gwirionedd yr ydym ni, ei charedigion, yn euog o farwolaeth y Gymraeg am na fynnwn iddi'r safle, na all fyw hebddo, mewn ysgol a choleg, mewn difyrrwch a bywyd cyhoeddus.

Y mae gormod o gwyno a hunandosturi ymhlith pobl yr iaith. Rhaid cael gwared ar y meddalwch hwn a gweithredu'n sydyn gyda phenderfyniad cadarn. Ofer yw gofidio'n ddagreuol uwchben y ffeithiau. Rhaid inni eu derbyn fel dynion, nid fel plant. Ymhlith y ffeithiau y mae hon yn aros: os penderfynwn o ddifrif achub y Gymraeg, gallwn wneud hynny...

Y gwir syml yw nad yw diflaniad yr iaith yn anorfod. Gall Gymru eto fod yn genedl Gymraeg ei hiaith, yn genedl ddwyieithog: dyna'r gwir. Mae gan y Cymry ddewis.

Ond y mae gwirionedd arall sydd yr un mor wir a syml a chlir. Rhaid i'r Cymry benderfynu cadw eu hiaith â'u holl feddwl ac ewyllys… Rhaid wrth benderfyniad ymdrechgar ac egniol. A rhaid i'r gweithredu fod yn y meysydd a ddwg ffrwyth ar unwaith; bydd cael dylanwad ymhen pum mlynedd yn rhy hwyr. Y pwysicaf o'r meysydd hyn yw addysg ffurfiol a theledu.

Gwyddom y ffordd i achub y Gymraeg. Gorchwyl posibl yw achub y Gymraeg, nid gorchest amhosibl…

Y bobl a fyn ei lle i'w hiaith yw'r bobl a fyn genedligrwydd cyflawn ac felly, ymreolaeth i Gymru. Deffroad y diwygiad cenedlaethol, hyn yn unig a rydd eu mamiaith i holl blant Cymry. Nid achubwyd iaith erioed yn yr un wlad gan fudiad iaith, ac ni bydd Cymru'n eithriad. Fe'i hachubir gan symudiad cenedlaethol mawr sy'n amcanu at genedligrwydd cyflawn. Daw hunanlywodraeth pan fydd yr ysbryd cenedlaethol wedi treiddio i fywyd corff mawr y bobl gan roi iddynt ewyllys a meddwl Cymreig. Rhydd hunanlywodraeth iddynt gyfryngau nerthol nad ydynt yn eu meddiant heddiw i gryfhau safle'r iaith ac i gyflymu ei hadferiad, ac aeddfedu ein hunanbarch, mewn ffordd na all dim byd arall ei wneud…

Y bobl bwysicaf yw'r plant sydd heddiw yn yr ysgolion ac a ddaw i'r ysgolion yn ystod y blynyddoedd nesaf hyn. Dyma rieni'r genhedlaeth nesaf. Ar Gymreigio'r rhain y dibynna dyfodol yr iaith yn fwy nag ar ddim byd arall…

Addysg Gymraeg i bob plentyn

Y peth hanfodol cyntaf yw addysg Gymraeg i bob plentyn Cymraeg. Dyma'r unig ffordd i ddiogelu'r iaith. Dyna hefyd yr addysg orau i blentyn o Gymro; pa un a yw ei rieni'n siarad Cymraeg ai peidio, y mae'r Gymraeg yn iaith ei wlad ac felly'n famiaith iddo. Yn ystod y can mlynedd diwethaf hyn cafodd miliynau o blant Cymru gam enfawr trwy'r addysg Saesneg a orfodwyd arnynt…

Os yw'r plentyn i gael y fantais fwyaf o'i addysg Gymraeg rhaid iddo fod mewn ysgol sy'n gyfan ei Chymreigrwydd. Pan fydd un rhan o'r

ysgol yn Saesneg ei hiaith, tuedd anochel y plant yw siarad Saesneg.
Hyn sydd yn milwrio yn erbyn effeithiolrwydd ysgolion lle mae dwy
ffrwd o blant, un yn derbyn eu haddysg trwy'r Gymraeg a'r llall trwy'r
Saesneg…

Teledu i Gymru

Rhan arall o'r feddyginiaeth i glwy'r iaith yw cael gwasanaeth teledu
Cymraeg cymwys a digonol. Saesneg, teledu'r BBC a'r cwmnïau
annibynnol a wna'r anrhaith mwyaf difrodus y blynyddoedd hyn…

Unig obaith gwasanaeth cyflawn ac addas i Gymru yw cael
Corfforaeth Ddarlledu annibynnol i Gymru, gan roi iddi yr holl
gyfrifoldeb a roddir heddiw i'r BBC yng Nghymru, a'i chynnal yn
ariannol gan yr arian a gesglir yng Nghymru am drwyddedau teledu
a radio sain, heb gadw dim yn ôl i'r llywodraeth. Pe cawsai Cymru
Gorfforaeth darlledu ddeng mlynedd yn ôl, byddai safle ei hiaith
heddiw yn llawer cryfach nag y mae…

Y mae'r ffordd i achub yr iaith Gymraeg, gan hynny, yn eglur. Yn
gyffredin mewn gwledydd dwyieithog y mae'n arferol rhoddi safle
cydradd swyddogol i bob iaith; yn y Swistir ceir pedair iaith swyddogol.
Rhaid mynnu safle swyddogol i'r Gymraeg hithau yn ei gwlad ei hun…

Yr angen hanfodol cyntaf yw cynllunio ymgyrch… Gellir crynhoi
prif amcanion yr ymgyrch fel hyn:

Goleuo meddwl, deffro ysbryd a chryfhau ewyllys genedlaethol y
Cymry, fel y byddont yn benderfynol o roi eu treftadaeth Gymreig yn
gyflawn ym meddiant eu plant.

Cael gan holl rieni yr eglwysi Cymraeg fynnu rhoi addysg Gymraeg
i'w plant mewn Ysgolion Cymraeg. Lle nad oes ysgol Gymraeg yn
gyfleus, rhaid mynnu sefydlu un.

Sicrhau bod pob plentyn ysgol yng Nghymru, na dderbynia addysg
Gymraeg mewn Ysgol Gymraeg, yn dysgu siarad Cymraeg yn rhwydd,
trwy drefnu ei ddysgu yn ifanc gan athrawon cymwys a rhoi amser
digonol i'r ddisgyblaeth sylfaenol hon. Ceisio ym mhobman posibl
sefydlu ysgolion meithrin i'r pwrpas hwn.

Cymreigio ysgolion uwchradd, gramadeg a modern a thechnegol:

Cymreigio colegau technegol, amaethyddol a hyfforddi; a Chymreigio'r Brifysgol, lle y daeth yr angen am Goleg Cymraeg yn ddwysach gyda'r cynnydd cyflym yn ei Seisnigrwydd.

Ysbrydoli pobl mewn oed i ymuno â'i gilydd mewn grwpiau a dosbarthiadau trwy'r wlad i ddysgu'r iaith o'r newydd neu i berffeithio eu meistrolaeth arni.

Sefydlu Corfforaeth darlledu Gymreig.

Sicrhau safle swyddogol i'r Gymraeg ym mywyd cyhoeddus Cymru.

Gallai ymgyrch nerthol a deallus newid y sefyllfa er gwell o fewn blwyddyn. Ymhen pum mlynedd, gallai sicrhau gweddnewidiad llwyr.

Cyfle Olaf y Gymraeg
(Llyfryn a gyhoeddwyd gan Wasg John Penry, Abertawe, yn 1962)

Diwylliant Cymru Ynghlwm wrth y Drefn Wleidyddol

Daliodd llawer fod diwylliant Cymru rywsut yn gallu ffynnu'n annibynnol ar y drefn wleidyddol ac economaidd. Ni ddylid, ym marn y rhain, gymysgu'r pethau hyn ac ni ddylai gwleidyddiaeth ymyrryd â diwylliant; os na all diwylliant Cymru ffynnu o dan yr amodau presennol "nid yw'n werth ei gadw."

Dywedwch wrth gyn-drigolion Mynydd Epynt nad oes a wnelo gwleidyddiaeth â diwylliant ac arhoswch am ateb; dywedwch wrth wŷr Tryweryn a Chlywedog; dywedwch wrth ddynion Llithfaen a Threfor y bu'n rhaid iddyn nhw chwilio am waith yng ngogledd Lloegr, neu dywedwch wrth Gymry Cwm Gwendraeth Fawr sy'n gorfod derbyn miloedd o lowyr o ogledd Lloegr. Dywedwch hyn wrth actorion Cymru sydd heb theatr genedlaethol, wrth gantorion Cymru sydd heb dŷ opera ac wrth arlunwyr Cymru sydd heb oriel genedlaethol. Dywedwch hyn wrth dri-chwarter miliwn o Gymry sy'n byw yn Lloegr am nad oes gwaith iddynt yng Nghymru. Dywedwch wrth y lluoedd hyn nad oes a wnelo gwleidyddiaeth â diwylliant a chewch eich rhegi am eich ffolineb.

Y Ddraig Goch, Tachwedd 1964

Yr Iaith – Araith Mr Gwynfor Evans AS yn y ddadl ar Araith y Frenhines

O'n safbwynt ni y mae'n esgeulustod difrifol nad oes cyfeiriad o gwbl at yr iaith Gymraeg a'r holl sy'n dibynnu arni yn araith y Frenhines.

Credaf y dylid cael Mesur yr Iaith Gymraeg a ddylai ddatblygu'n Ddeddf a fyddai'n cynnwys polisi pendant a chadarn a roddai i'r iaith Gymraeg statws cyfartal â'r Saesneg yng Nghymru. Dim ond polisi iaith cryf a all achub y Gymraeg o'r argyfwng sy'n ei hwynebu…

Y mae'r angen am weithredu i achub hen iaith a diwylliant, felly, yn fater o frys mawr. Mewn amgylchiadau fel hyn ni ellir gadael tynged yr iaith a'r cwbl sydd ynghlwm wrthi i'r cartrefi yn unig. Gan mai Llywodraeth Westminster yw'r unig un a fedd Cymru ar hyn o bryd, y mae'n ddyletswydd arni i ddarparu polisi o'r fath a Sianel Deledu fel rhan o'r polisi hwnnw…

Fodd bynnag, fe fyddai'n beth da pe bai gweithredu'r polisi yn cael ei arolygu a'i hyrwyddo gan Ombwdsman iaith a allai sicrhau fod cyfiawnder yn cael ei wneud â'r ddwy garfan ieithyddol ac â'r unigolion oddi mewn iddynt.

Y Ddraig Goch Rhagfyr 1976

COLEG CYMRAEG 1951–55

O ganlyniad i benderfyniad a gynigiais, ac a basiwyd yn Llys y Brifysgol, Gorffennaf 1951, sefydlwyd pwyllgor, a eisteddodd am bedair blynedd i ystyried sefydlu Coleg Cymraeg. Myfi yn unig oedd o blaid Coleg Cymraeg, ond lluniais adroddiad lleiafrif a drafodwyd yn y Llys. Ond penderfynwyd dysgu rhai pynciau heblaw'r Gymraeg trwy gyfrwng yr iaith: dyna ffrwyth pwysig y pwyllgor. Diflannodd fy adroddiad lleiafrifol.

Prifysgol Cymru

Memorandum prepared by Mr Gwynfor Evans.

The Committee considered the following memorandum submitted by Mr Gwynfor R. Evans (June 4 1953) (Detholiad o'r memorandwm)

"Our aim for Wales should be full nationhood, i.e., the fullest possible development of the capacities and resources of Wales as a community. The degree of development achieved depends largely, in turn, upon the position of the Welsh language as a vehicle of speech and thought in Wales; and apart from the language Wales has no contribution to make to the full life of Europe.

It cannot be said that the language now has its proper place in our educational institutions, which is as the medium of teaching.

If we regard the University as an integral part of the national life of Wales, we are faced with a choice between two paths. Those who opt for leaving Wales to decay, forseeing the day when it will have no need even of its Welsh departments. But there is another choice. If the Welsh language is to be used extensively in the University, that can be done either by extending its use for instruction in the existing colleges or by establishing a college in which Welsh will be the normal medium of teaching. In a Coleg Cymraeg the language of the community as well as teaching would be Welsh, and its alumni would leave with a complete mastery of the language which is rare today.

The statistics we have had with regard to the knowledge of Welsh amongst students show that there is a comparatively large body of Welsh-speaking students upon whom y Coleg Cymraeg might draw.

One could expect a few years to pass before the College established itself, as the history of the present colleges shows.

The history of the Hebrew University of Jerusalem can be cited in support of beginning in a modest way.

I do not think it is too much to expect y Coleg Cymraeg to recruit a staff comparable in standard with the present Colleges."

(O'r Cofnodion: Principal Sir Emrys Evans was not himself entirely convinced by the arguments on which Mr Evans had based his case … He disagreed with Mr Evans's supposition … that teaching of that kind would result in a definite lowering of standards … Mr Alwyn D Rees said that he would be inclined to agree with Principal Sir Emrys Evans's remarks … The committee resolved to instruct the Registrar to inquire of the Senates of the Colleges their views on the possible extension of the use of the Welsh language in the Colleges.)

Memorandwm ar Goleg Cymraeg o fewn Prifysgol Cymru

gan y Gweithgor a etholwyd gan Gynhadledd Aberystwyth, Tachwedd 1973.

Rhan 1 – Cyflwyniad

Rhan 2 – Ymdoddi cynyddol rhwng colegau addysg a'r Brifysgol

Rhan 3 – Y Ddadl Dros Goleg Cymraeg

Rhan 4 – Math o Goleg Cymraeg

Rhan 5 – Camau tuag at sefydlu Coleg Cymraeg

Cyflwynwn yr ystyriaethau uchod ar gamau sefydlu Coleg Cymraeg heb ragfarnu unrhyw bosibiliadau. Carem bwysleisio fod sefydlu Coleg Cymraeg yn fater o frys gwirioneddol a bod ad-drefnu colegau addysg ac agweddau ar addysg bellach yn awr yn rhoi cyfle na ddaw eto i greu sefydliad prifathrofaol Cymraeg.

Rhaid Wrth Goleg Cymraeg, 1986

Aeth rhywfaint o ymdrech ymlaen i gael Coleg Cymraeg ers mwy na chenhedlaeth. Y mae'n hen bryd i ni gael coleg prifysgol a fyddai'n bodoli er mwyn gwasanaethu Cymru. Dyna, wrth gwrs, fyddai swyddogaeth Coleg Cymraeg, yn wahanol i golegau presennol Prifysgol Cymru. A byddai cael sefydliad colegol Cymraeg yn cyfannu'r gyfundrefn addysg Gymraeg. Cawsom lawer o brawf erbyn hyn, gan gynnwys ysgolion Cymraeg ac S4C, o werth sefydliadau cwbl Gymraeg. Y maen nhw'n hanfodol ymhob rhan o'n bywyd os yw'n hiaith a'n treftadaeth genedlaethol i barhau.

Y twf rhyfeddol mewn addysg Gymraeg a wnaeth sefydlu Coleg Cymraeg yn haws heddiw nag yr oedd genhedlaeth yn ôl. Yr haf hwn gwnaeth 542 o ddisgyblion eu Lefel A trwy gyfrwng y Gymraeg. At hynny gwnaeth 623 bwnc neu bynciau Lefel A trwy'r Gymraeg.

Dylai ymgyrch dros Goleg Cymraeg fod yr un fath â'r ymgyrch dros ysgolion Cymraeg. Ddeugain mlynedd yn ôl doedd ond un ysgol Gymraeg yng Nghymru. A phan bwyswyd am ysgolion Cymraeg, y broffwydoliaeth oedd na fyddai neb am fynd iddynt. Ond erbyn heddiw mae 35 y cant o ddisgyblion ardal Seisnigedig fel Pontypridd yn mynychu Ysgolion Cymraeg.

Dylai Prifysgol Cymru roi'r un math o arweiniad i Gymru ag y mae Prifysgolion Rhydychen a Chaergrawnt yn ei roi i Loegr. Swyddogaeth Prifysgol Cymru yw hyfforddi arweinwyr i'r genedl hon.

(Detholiad o anerchiad Gwynfor Evans yn y Seremoni Gymraeg gyntaf i gyflwyno graddau yn yr Hen Goleg, Aberystwyth, 1986).

RADIO A THELEDU

Radio Cymraeg

Bu creu sefydliadau Cymraeg yn un o'n hamcanion erioed. Roedd hyn yn arbennig o bwysig ym maes radio am mai hwn oedd y cyfrwng cyfathrebu grymusaf hyd at ddechrau'r chwedegau pan ddaeth teledu yn gyffredin. Nid yw'n hawdd heddiw sylweddoli pa mor rymus y bu. Yn Eisteddfod Llandybie yn 1944 rhoeswn ddarlith i lond capel o bobl dan nawdd y Pwyllgor Diogelu ar y 'Radio yng Nghymru'. Fe'i cyhoeddwyd yn Gymraeg ac yn Saesneg ac yn ôl Tom Ellis, gwerthodd ddeng mil o gopïau.

Bywyd Cymro, 1982

Radio i Gymru: Rhaid wrth Gorfforaeth Annibynnol i Gymru

Cyhoeddodd Undeb Cymru Fydd bamffled newydd gan Mr Gwynfor Evans ar *Y Radio yng Nghymru*, pris 6ceiniog. Cynnwys y pamffled yw'r anerchiad a draddododd Mr Evans yng nghyfarfod yr Undeb yn ystod Eisteddfod Llandybie, 1944.

Dadl yw'r anerchiad dros Siarter Radio Annibynnol i Gymru. Dechreua trwy roi hanes ymwneuthur Cymru â'r BBC cyn y rhyfel ac yn ystod y rhyfel. Yna, daw at ddatblygiad posibl yn y dyfodol. Dengys y peryglon i Gymru a fyddai'n gallu deillio o ddarlledu masnachol, eithr pwysleisia hefyd y gall datblygiad fel "television," o'i reoli'n briodol, fod o fudd ac yn gyfoeth newydd i'r diwylliant Cymreig.

Y Ddraig Goch, Awst-Medi 1945

Corfforaeth Radio a Hawl i Ddarlledu

O'r dechrau, y Blaid a arweiniodd yr ymgyrch dros radio Cymraeg a thros gydnabod Cymru yn endid. Yn hanner cyntaf y tridegau ni cheid dim rhaglenni Cymraeg o gwbl.

Dadleuwn na chaem gyfiawnder nes cael ymreolaeth ym maes y radio. Parhaem i weithio dros gorfforaeth trwy'r blynyddoedd wedi'r rhyfel. Dadleuais dros yr achos gerbron cwrdd llawn o'r Blaid Seneddol Gymreig. Fe'i cyflwynais i ddau Gomisiwn Brenhinol. O ganlyniad i'n gwaith, er na chawsom Gorfforaeth Gymreig, fe gawsom fath o ymreolaeth ffederal, gyda rheolaeth radio yng Nghymru, ac wedyn teledu'r BBC yng Nghymru, mewn enw o leiaf, yn nwylo'r Cyngor Darlledu, ond mewn gwirionedd yn nwylo prif swyddogion y Gorfforaeth yng Nghymru.

Pan benodwyd Pwyllgor Ymgynghorol Cymreig y BBC yn 1946, y peth mwyaf gwerthfawr a wnes fel aelod ohono oedd sicrhau rheol ddwyieithog yn y trafodaethau, y cofnodion, yr agenda a'r ohebiaeth.

Âi'r pleidiau Prydeinig i drafferth fawr drwy'r blynyddoedd i ddistewi'r Blaid ar y cyfryngau ac i rwystro cyhoeddi newyddion amdani hyd y gallent.

Daeth agwedd y pleidiau oll i'r golwg yn glir yn ystod yr ymdrech i gael hawl i'r Blaid ddarlledu ar y radio yng Nghymru.

Cesglais ein hachos mewn dau bamffledyn – *The Political Broadcasts Ban in Wales* ac wedi dyfodiad teledu, *The Wicked Ban*.

Cyhoeddodd Comisiwn Beveridge ei fod o blaid ein hawl i ddarlledu.

Bywyd Cymro, 1982

Corfforaeth Radio i Gymru

Pan sefydlwyd y Cwmni Darlledu Prydeinig yn 1922 nid oedd Cymru, fwy na Lloegr, yn effro i bwysigrwydd darlledu, a chan hynny ni bu darpariaeth ar gyfer ei hanghenion.

Erbyn heddiw cydnebydd pawb bwysigrwydd y radio, ac y mae galluoedd cryfion yn ymgynnig am ei reolaeth. Nid yw'r llywodareth hithau'n niwtral yn yr ymgiprys am reolaeth, canys gwna hi ddefnydd helaeth o'r radio yn arbennig wrth ddarlledu 133 awr y dydd i wledydd tramor.

Os yw'r sefydliad hwn i wasanaethu buddiannau gorau Cymru rhaid iddo fod o dan reolaeth Gymreig. Rhaid i gorff Cymreig fod yn gyfrifol am ddatblygu ei bosibiliadau mawr er lles Cymru. Rhaid wrth Gorfforaeth Radio Gymreig. Dyna angen Cymru pa beth bynnag a wneir yng ngwledydd eraill Prydain.

Dileu Rhaglenni Cymraeg

Yn 1939 dileodd y BBC raglenni Cymru yn llwyr... Mae'n rhaid dilyn methiant 1926 a hanner-llwyddiant 1935 gyda llwyddiant llawn yn 1946, gan ei gwneud yn flwyddyn sefydlu'r Gorfforaeth Radio Gymreig.

Yn y dyfodol agos bydd darlledu yn bwysicach nag y bu erioed o'r blaen, a'r hyn a ychwanega yn anad dim at ei bwysigrwydd yw datblygiad cyflym "television." Eisoes cynhyrchir setiau derbyn yn yr Unol Daleithiau sydd o fewn cyrraedd incwm bron pob teulu, ac y mae yno orsafoedd a fedr ddarlledu i bellter o dri chan milltir. Dan reolaeth Gymreig gellid datblygu'r gallu newydd hwn heb niweidio, eithr yn hytrach gyfoethogi bywyd ac iaith Cymru.

Nid yn Gymraeg yn unig, wrth reswm, y byddai darllediadau'r Gorfforaeth Gymreig. Ni fedr y mwyafrif o'n cenedl ein hiaith, ac y mae'n bwysig odiaeth sicrhau gwasanaeth teilwng o raglenni Cymreig i'r Cymry di-Gymraeg. Gwna'r Gorfforaeth Gymreig gyfiawnder â'r Cymry Cymraeg a'r Cymry di-Gymraeg. Trwy ddarlledu newyddion, cerddoriaeth, gwasanaethau crefyddol a sgyrsiau Cymreig, yn y ddwy iaith, cryfheid y genedl Gymreig trwy ddyfnhau'r ymwybyddiaeth o berthynas i'r gymdeithas Gymreig o Fôn i Fynwy.

Pwnc i'r Senedd

Dyma gyfle i rai a gred mewn rhyddid diwylliannol, heb gredu mewn rhyddid gwleidyddol, brofi eu didwylledd a'u sêl dros Gymru. Y mae'r radio yn un o'r sefydliadau pwysicaf oll yn ein bywyd diwylliannol.

Dylai fod yn eiddo Cymru a than ei rheolaeth. Y Senedd biau'r hawl
i'w roddi dan reolaeth Gymreig, a'n Haelodau Seneddol yn unig a
all sicrhau ei bod yn gwneud hynny. Y mae'n rhaid iddynt wybod na
fodlona'r Cymry ar lai na'i Chorfforaeth Radio ei hun.

Y Ddraig Goch, Tachwedd 1944

Teledu Cymraeg a Chymreig

Erbyn canol y pumdegau roedd yn amlwg y byddai dyfodiad teledu
yn peri newid chwyldroadol yn y gyfundrefn gyfathrebu ac y byddai'r
effeithiau i'w gweld mewn meysydd llawer ehangach na'r maes
politicaidd. Bygythiai danseilio treftadaeth ddiwylliannol Cymru ac
ysigo gafael yr iaith Gymraeg yn enbyd iawn. Lle roedd set deledu
mewn cartref Cymraeg clywid mwy o Saesneg ar y bocs nag o
Gymraeg ar yr aelwyd. Galwai'r sefyllfa am waith ymosodol i warchod
ein hetifeddiaeth. Sylweddolem bwysigrwydd cael rhaglenni Cymreig
yn yr iaith Saesneg; hebddynt ni ellir meithrin ymwybyddiaeth
genedlaethol ymhlith y di-Gymraeg. Dros gael rhaglenni Cymraeg
y gweithiem galetaf, yn gyntaf ar y BBC a wedyn gan y cwmni
annibynnol TWW.

Am fod ein llwyddiant yn hyn mor fach a'r argyfwng mor fawr
a chynyddol, penderfynwyd, o dan arweiniad Dr Haydn Williams,
sefydlu cwmni annibynnol Cymreig, Teledu Cymru. Am ddeng
mis yn 1962-3 cynhyrchodd Teledu Cymru saith awr yr wythnos o
raglenni Cymraeg da. Y rhwystr mwyaf oll oedd ei bod yn amhosibl
i lawer rhan boblog o'r wlad dderbyn y signal o gwbl. Ni chododd
y llywodraeth fys bach i'n helpu. Ond daeth llawer o ddaioni o'r
ymdrech.

Bywyd Cymro, 1982

Digwyddiad hanesyddol: Gwynfor Evans, Llywydd Plaid Cymru, yn Annerch y Genedl

Darllediad cyntaf Plaid Cymru ar deledu

Doedd dim dwywaith pa wlad oedd honna. Ie, Cymru. Plaid Cymru yw ei phlaid genedlaethol hi. Yn ddiweddar y tyfodd, ond yn yr etholiad cyffredinol diwethaf ymladdodd yn agos at ddwy ran o dair o seddau seneddol Cymru, a chafodd gyfartaledd o dair mil o bleidleisiau ym mhob un. Hynny yw, ym mhob un o'r etholaethau hyn fe roddodd tair mil o bobl Cymru'n gyntaf.

Eto, hyd at heno, ni chafodd Plaid Cymru erioed gyfle i roi ei pholisi ger eich bron mewn darllediad plaid. Pam? Am fod y ddwy blaid fawr yn ofni y byddwch yn ein cefnogi os cewch wybod y ffeithiau. Maent yn anfodlon i chwi farnu drosoch eich hunain. Y mae llawer peth yr hoffai'r pleidiau hyn eu cuddio rhagoch, a'ch cadw rhag eu sylweddoli – yn arbennig hoffent eich cadw rhag sylweddoli bod Cymru'n genedl. Honna yw'r ffaith fwyaf sylfaenol ym mywyd a gwleidyddiaeth Cymru.

Y mae i genedl ddyletswyddau. Y mae ar bob cenedl ddyled i'r byd – dyled i gyfrannu ei chyfran yn llawn i wareiddiad a chyd-berthynas y gwledydd. Y mae hyn yn ddyletswydd ar Gymru. Nawr, ein ple syml ni fel cenedlaetholwyr yw: byddwch yn driw i'ch gwlad.

…Y mae dŵr, mewn cymdeithas ddiwydiannol, mor werthfawr ag olew. Ond, dygir dŵr Cymru, gwerth ugeiniau o filiynau o bunnoedd ohono, bob blwyddyn, allan o Gymru, er gwaethaf gwrthdystiad cenedlaethol, a hynny, heb dalu'r un geiniog amdano.

…Ni bu farw Cymru eto, ond rhaid iddi fyw fel Cenedl. Ein braint a'n dyled yw ennill iddi yr amodau a'i gwna'n abl i fyw bywyd cenedlaethol llawn.

Y mae Plaid Cymru'n rhoi i Gymru nerth gwleidyddol. Chi sydd i benderfynu pa mor nerthol yw hi i fod. Rhowch i'r achos mawr hwn bob cymorth a fedrwch.

Gyda'n gilydd gallwn arwain Cymru i'w phriod le ym mhlith y cenhedloedd.

Dyma'r dasg fawr boliticaidd i'n cenhedlaeth ni.

Nos da.

Y Ddraig Goch, Tachwedd 1965

Rhaid Cael Cyfundrefn Ddarlledu Gwir Gymreig

Wrth siarad yn y ddadl ar ddarlledu yn Nhŷ'r Cyffredin ar 3 Rhagfyr 1969 gwnaeth Mr Gwynfor Evans ymosodiad llym ar y trefniadau darlledu presennol.

"Wrth drafod patrwm darlledu ar gyfer y dyfodol, rhaid i bob Cymro gydnabod nad oes unrhyw lywodraeth ers y tri degau wedi gwneud unrhyw ymgais i lunio system ddarlledu sy'n addas i Gymru ac yn cyfarfod â'i hanghenion, a system Seisnig yn ei hanfod yw'r system ganolog hon.

Y mae Cymru'n wlad rhy fechan i allu fforddio system ranedig fel sydd gennym yn awr. Pe caem gorfforaeth a hawl ganddi i dynnu incwm o hysbysebu, byddai ganddi ddigon o arian i gynnal rhaglenni rhagorol ar y pedair sianel a all ddod yn eiddo inni yn y saith degau.

Dylai un o'r pedair sianel hynny gael ei neilltuo i raglenni yn yr iaith Gymraeg – neu o leiaf i raglenni Cymraeg ac addysgol. Dyma o bosib yr unig ffordd i sicrhau cyfiawnder i'n hiaith genedlaethol.

Y Ddraig Goch, Ionawr 1970

Gwynfor Evans yn dadlau dros Sianel Deledu Genedlaethol

Y cam y credaf fi y mae'n rhaid ei gymryd ar unwaith yw sicrhau sianel genedlaethol y byddai'r iaith Gymraeg yn iaith gyntaf arni. Wrth gwrs, byddai'n gyfiawn galw hon yn sianel Gymraeg.

Wedi trafod y mater â chwmni o aelodau Cymdeithas yr Iaith ni chredaf fod llawer o wahaniaeth rhyngom. Fy marn i yw mai'r hyn y dylem fynd amdani yw Sianel Genedlaethol a ddarlledai 24-25 awr o Gymraeg yr wythnos gan gynnwys awr y dydd i'r plant, ynghyd â 16-17 awr o raglenni Saesneg a gynhyrchir yng Nghymru. Byddai'r cyfan yn Gymreig a'r rhan fwyaf yn Gymraeg. Dylid yng Nghymru roi'r bedwaredd sianel i'r pwrpas hwn – y sianel y mae cymaint o drafod ei dyfodol y dyddiau hyn.

Ers pymtheng mlynedd gwnaeth teledu Saesneg anrhaith torcalonnus ar yr iaith ymhob cymdogaeth trwy'r wlad heb un eithriad y gwn amdani. Rhaid dwyn yr anrhaith hwn i ben yn fuan iawn.

Gweithredodd pobl ifainc Cymdeithas yr Iaith gyda gwroldeb a hunanaberth ysblennydd. Ni allwn ni eistedd gartref yn gysurus heb godi bys bach dros yr achos tra bod rhai o oreuon y genedl mewn cell. Ein gwaith ni yw creu ymgyrch genedlaethol a fydd yn ddigon mawr a grymus i fynd â barn i fuddugoliaeth.

Y Ddraig Goch, Chwefror 1972

Araith Gwynfor Evans ar Ddatganoli yn yr Uwch Bwyllgor Cymreig, Dydd Mercher 7 Ebrill 1976

…Ystyriwn y methiant i sefydlu sianel deledu i'n pobl, lle rhoddid lle anrhydeddus i'r iaith Gymraeg. Dywedir wrthym na all y Llywodraeth ei fforddio, ond ni chostai fwy na dwy o'r awyrennau 385MRCAS a gomisiynwyd gan y Llywodraeth. Daeth y Llywodraeth o hyd i £8 miliwn y llynedd i sefydlu system deledu i'r lluoedd arfog Prydeinig yn yr Almaen, ond nid oes arian ar gael i sefydlu sianel deledu genedlaethol i Gymru…

Y Ddraig Goch, Mai 1976

Dim Sianel Gymraeg

Ar 12 Medi 1979 yng Nghaergrawnt cyhoeddodd William Whitelaw yr Ysgrifennydd Cartref y datganiad syfrdanol na fwriadai'r Llywodraeth anrhydeddu ei haddewid i sefydlu'r sianel deledu Gymraeg a addawsai hi a Llafur fel ei gilydd.

Plymiodd ein digalondid ni oll i'r dyfnderoedd. Sianel oedd y fuddugoliaeth fwyaf a enillasai'r mudiad cenedlaethol a hynny ar gost carchariad hir i rai. Yr oedd teledu Saesneg yn difa'r iaith yn feunyddiol o flaen ein llygaid. Heb y gwasanaeth teledu Cymraeg hwn ar yr oriau brig nid oedd gan yr iaith obaith byw yn hir. Hydref 1979 oedd yr awr dduaf a welais erioed. Ers deng mlynedd a mwy, arllwysai miloedd o Saeson i'r cefn gwlad Cymraeg gan ddymchwel caerau'r iaith.

Galwai'r amgylchiadau am weithredu chwyrn a chostus, am weithredu a gostai fywyd efallai. Ac yr oeddwn yn ddigon hunan-dybus i gredu mai dim ond gweithred gen i a gyffyrddai ddigon â chalon Cymru i weddnewid y sefyllfa. Adnewyddu ysbryd y cenedlaetholwyr oedd y nod y teimlwn sicraf o'i gyrraedd er mai cael y Llywodraeth i adfer polisi'r sianel Gymraeg fyddai'r amcan gwleidyddol.

Bûm yn ystyried amryw o gynlluniau digon dychrynllyd, gan ymwrthod â nhw wedyn. Erbyn diwedd y flwyddyn penderfynais mai ymprydio a wnawn hyd nes y cyhoeddai'r Llywodraeth ei bod am gadw ei gair a chyflawni ei haddewid i sefydlu sianel Gymraeg.

Rhoddwyd 5ed o Hydref yn ddyddiad dechrau ympryd. Wrth gwrs, parodd y cyhoeddiad sioc cyffredinol. Cynyddodd y cyhoeddusrwydd i'm bwriad i ymprydio fel yr âi'r wythnosau a'r misoedd heibio. Cefais arwydd yng Ngorffennaf fod y Llywodraeth yn dechrau poeni o ddifri. Daeth gwahoddiad i mi gwrdd â Nicholas Edwards. Cawsom gyfarfod ar 21 Gorffennaf. Mewn dwy awr o drafod ystyriwyd pob agwedd ar y polisi. Rhoes yr Ysgrifennydd Gwladol sylw arbennig i'r gost. Yr argraff a roddai oedd ei fod wedi dod yno nid i wrando nac i drafod o ddifrif yn gymaint ag i osod y ddeddf i lawr. Ni synnais at hyn o gwbl. Ymadewais yn sicrach nag erioed yn fy meddwl nad ildiai'r Llywodraeth byth.

Trwy Peter Hughes Griffiths a Dafydd Williams yr oeddwn wedi trefnu cynnal rhwng 6ed o Fedi a'r noson cyn dechrau'r ympryd ar 5ed o Hydref ddau ar hugain o gyrddau yng Nghymru ynghyd â thri arall yn yr Alban. Bu pob un o rhain yn llwyddiant, rhai yn ysgubol. Daeth dwy fil o bobl i'r rali gynhyrfus a ddechreuodd y gyfres ar Sadwrn 6ed o Fedi, yng Nghaerdydd. Yn Glasgow yr oeddwn i ar y nos Lun ganlynol a mil o bobl yn gorlenwi'r McClellan Galleries.

Dydd Mercher, 17 Medi, cyhoeddodd Nicholas Edwards y câi Cymru wasanaeth Cymraeg yn ystod yr oriau brig ar y Bedwaredd

Sianel ac y sefydlid bwrdd annibynnol i'w reoli gyda chyllid digonol wrth gefn. Fy ymateb cyntaf oedd siom fod y Llywodraeth wedi ildio fis o leiaf yn rhy gynnar. Pe gwelem bum wythnos arall o'r cynnwrf a'r deffroad yng Nghymru, gwelid y Blaid, y dibynna dyfodol cenedlaethol yn llwyr arni, wedi ymsefydlu mewn safle di-syfl.

Yn y dyddiau hynny ymddangosai'r sgôr mewn llythrennau breision tair troedfedd o uchder ar y wal uwchben afon Tafwys a wynebai Senedd Westminster:

GWYNFOR 1 – THATCHER 0.

Bywyd Cymro, 1982

Datganiad gan Mr Gwynfor Evans ar gychwyn ymprydio ar ddydd Llun, 6 Hydref 1980

Mai 1980

Ymhobman yn y byd gwâr ystyrir bod gan lywodraethau gyfrifoldeb arbennig tuag at dreftadaeth ddiwylliannol y pobloedd a lywodraethant. Ni ddymunai llywodraeth y Deyrnas Unedig fod yn eithriad i'r rheol hon. Yn wir, gwna gyfraniad sylweddol tuag at lu o weithgareddau sy'n rhan o'r hyn y dewisa ei ddisgrifio fel 'yr etifeddiaeth genedlaethol' a chynydda'r cyfraniad hwn yn flynyddol…

Trinir iaith, llenyddiaeth a hanes Lloegr fel y trysorau cenedlaethol mwyaf oll, a'r Llywodraeth a wna fwyaf dros eu cadw a'u hyrwyddo. Hawlia teledu Saesneg ei fod y gorau yn y byd yn union am fod llywodraeth wyliadwrus wedi ei drefnu i gyflwyno, cadw a hyrwyddo diwylliant Seisnig.

Yng Nghymru y mae'r sefyllfa'n wahanol iawn. Y mae gan Gymru ei threftadaeth genedlaethol fawr. Ymestyn traddodiad barddonol Cymru, er enghraifft, yn ôl yn ddi-fwlch i'r chweched ganrif. Am ganrifoedd lawer bu ymosod ar yr iaith Gymraeg. Ei goroesiad yw gogoniant mwyaf hanes Cymru… Nid cyd-ddigwyddiad yn unig ydyw bod yr holl genedl yn cael ei bygwth pan fygythir yr iaith. Yng Nghymru heddiw prif gyfrwng y llygriad diwylliannol hwn yw'r gyfundrefn deledu…

Llifa deunydd Saesneg yn fwyfwy i gartrefi Cymraeg; rhaid chwilio
am y can munud o Gymraeg yng nghanol y llifeiriant o 2,200
munud a sianelir bob dydd gan BBC1, BBC2 a Theledu Harlech...
Ni threfnwyd teledu yng Nghymru i borthi angen arbennig cenedl
ddwyieithog...

Am y rheswm hwn mae hanes hir o brotestio yng Nghymru
yn natblygiad radio a theledu fel ei gilydd... fe welwyd cyfres o
ymgyrchoedd o blaid sianel deledu Gymraeg a gostiodd yn ddrud i
lawer o'n pobl ifainc. Sefydlwyd comisiynau a phwyllgorau swyddogol
i astudio'r broblem a chydnabu pob un yn ei dro gyfiawnder naturiol
yr achos Cymreig, a daeth pawb i'r casgliad ei bod yn rhaid wrth sianel
Gymraeg.

Derbyniodd yr argymhellion hyn gan lywodraethau Llafur
a Cheidwadol. Yr oedd yn rhaid wrth floc o oriau, hynny yw,
gwasanaeth, ar yr oriau brig yn lle'r gwasgariad di-drefn. Yna, yn
sydyn, torrodd y llywodraeth ei air... Ni allai llywodraeth dramor
ddangos yn fwy eglur ei dirmyg tuag at etifeddiaeth ieithyddol pobl
ddarostyngedig...

Y mae'r hyn sydd yn digwydd yn awr yn frad garw ar ddiwylliant
byw gan lywodraeth sy'n gwybod yn iawn beth fydd canlyniadau ei
pholisi yng Nghymru. Yng nghwrs pymtheng mlynedd ar hugain fel
Llywydd Plaid Cymru ni welais weithred wleidyddol mor ddigywilydd
o wrth-Gymreig â hyn, ac un y bydd ei chanlyniadau mor arswydus...

Wrth ganolbwyntio ar fater y Bedwaredd Sianel, maes syml o bolisi
ble gallai'r llywodraeth ei newid mewn eiliad, gwnaf safiad ar fater
o bwys aruthrol i oroesiad ein diwylliant sydd hefyd yn adlewyrchu
agwedd y llywodraeth at holl fuddiannau cenedlaethol Cymru.

Am fod cymaint yn y fantol, ac mai arnaf fi, yn fwy na neb arall, y
mae'r ddyletswydd i weithredu mewn modd costus a di-drais pan yw
rheswm a dadl wedi methu yn llwyr, bwriadaf, oni bydd y Llywodraeth
wedi adfer y polisi a amlinellir uchod, gychwyn ymprydio ar ddydd
Llun, 6ed o Hydref a pharhau i ymprydio hyd nes y penderfyna'r
Llywodraeth sefydlu gwasanaeth Cymraeg yn bennaf ar ei chost hi
am bump awr ar hugain yr wythnos, ar yr oriau brig, o dan reolaeth

Gymreig, ar y bedwaredd sianel, a'r gwasanaeth i ddechrau yng Nghymru cyn bod defnyddio'r sianel yn Lloegr.

Cyfiawnhau'r Ympryd – Araith Gwynfor ar Faes yr Eisteddfod

Mewn araith ysgubol o flaen pabell HTV ar ddydd Iau'r Eisteddfod galwodd Gwynfor Evans am ymrwymiad llwyr gan y Cymry yn y frwydr i ddiogelu eu bywyd cenedlaethol.

"Does dim eisiau dadlau yma eto mor anferth yw gallu teledu ac mor ddifaol yw effaith teledu Saesneg ar iaith a bywyd Cymru…

"Rhoes y Ceidwadwyr sefydlu sianel Gymraeg yn eu maniffesto etholiad ac yn Araith y Frenhines. Nid delio â fi yn unig y mae'r Llywodraeth ym mater yr ympryd y penderfynais arno, ond delio â chenedl a chenedl unol.

Er gwaethaf yr unoliaeth, yr oedd yng ngallu un gweinidog o Sais gyhoeddi dictat yng Nghaergrawnt… Trwy un weithred ormesol dangosodd Llywodraeth Thatcher ei dirmyg at y farn gyhoeddus Gymreig. Y mae gan un o'i gweinidogion y gallu i benderfynu tynged yr iaith. Cwyd ymddygiad trahaus y Llywodraeth farc cwestiwn yn erbyn democratiaeth yng Nghymru. Lle y gall Llywodraeth fynd yn ôl ar ei gair a gweithredu yn erbyn barn unol cenedl, a yw'n iawn galw'r drefn yn ddemocrataidd?

Cafodd fy mwriad i ymprydio dipyn o feirniadaeth. Nid amheuaf o gwbl ddidwylledd y beirniaid na'u cymhellion da, ac wrth gwrs eu hawl i feirniadu. Ond cymerant arnynt eu hunain gyfrifoldeb trwm. Canys wrth feirniadu gwanhânt yr ymgyrch dros wasanaeth Cymraeg, a lleihânt y siawns o lwyddo. Os caf roi'r peth mewn ffordd braidd yn felodramatig, yr hyn a wnaf yw rhoi fy mywyd yn nwylo fy nghyd-wladwyr.

Torrodd Llywodraeth Mrs Thatcher ei gair ar fater sy'n mynd at galon bywyd Cymru. Gyda chymaint yn y fantol, ni allwn oddef hyn. Mae ei 'hwyneb', mewn mater sydd mor fach iddi hi, yn bwysicach na pharhad y dreftadaeth Gymreig. Ond wyneba cenedl sy'n deffro. Y mae'r frwydr dros ennill ei heinioes yn un y mae'n rhaid ei hennill.

Gyda grym cenedlaetholdeb Cymreig o'n tu y mae'n un y gallwn ei hennill.

Y Ddraig Goch, Medi 1980

Rhaid i Gymru Fyw

Wyth gant o flynyddoedd cyn ymddangos o'r farddoniaeth Saesneg gynharaf, canai'r beirdd yn y Gymraeg… a chanrifoedd cyn bod rhyddiaith ar gael yn Saesneg, Ffrangeg, Eidaleg, Almaeneg a Sbaeneg cyfansoddwyd campweithiau yn y Gymraeg. Roedd hyd yn oed cyfraith Hywel Dda yn glasur Cymraeg…

Cymru yn y ddegfed ganrif a'r unfed ganrif ar ddeg oedd yr unig genedl yn Ewrop a chanddi lenyddiaeth genedlaethol ar wahân i un ymerodrol mewn Lladin. Pobl Cymru oedd y bobl fwyaf gwâr a deallusol yr oes.

Nid oedd Saesneg yn bod o gwbl y pryd hynny… Yn wir, yn Ffrangeg yr ysgrifennai Henry'r pedwerydd at ei fab a ddaeth yn Henry'r pumed ynghylch rhyfeloedd Owain Glyndŵr. Parhaodd y Ffrangeg yn iaith y llysoedd a'r Senedd Saesneg ymhell ar ôl hyn.

Gwahanol iawn oedd hi yng Nghymru lle bu'r Gymraeg yn iaith y gyfraith a'r llywodraeth, yn iaith brenhinoedd a thywysogion trwy gydol y ddwy ganrif a gymerodd y Normaniaid i'w choncro hi.

Ymgyrfforiad Cymru yn Lloegr gan Statud Cymru yn 1536 a roddodd i'r Gymraeg yr ergyd drymaf a gafodd erioed. Gwnaethpwyd Saesneg yn unig iaith swyddogol y wlad. Mewn cenedl gwbl Gymraeg ni châi neb swydd oni fedrai Saesneg. Saesneg oedd unig iaith cyfraith a llywodraeth… ac ymhen canrif neu fwy ar ôl Statud Cymru roedd rhan helaeth o'r dosbarth tirol a chyfoethog wedi troi yn Saeson. Gadawyd i'r werin Gymraeg gynhyrchu ei harweinwyr eu hunain. Y werin oedd ceidwaid yr iaith Gymraeg a'r traddodiad Cymreig, a gwych yw hanes eu hymdrechion ar hyd y ddeunawfed ganrif ac ymlaen i'r ganrif ddiwethaf. Yn nechrau'r ganrif ddiwethaf roedd pedwar allan o bob pump yn siarad Cymraeg… a Chymraeg cyhyrog llyfrau'r Beibl a ddarllenen nhw…

Ond ychwanegodd *Adroddiad y Llyfrau Gleision* yn 1847 – *"The Welsh Language is a vast drawback to Wales…"* ac o ganol y bedwaredd ganrif ar bymtheg ymlaen fe'i defnyddiwyd fel offeryn i glwyfo'r iaith hyd at angau gan y sefydliad Seisnig oedd addysg Saesneg orfodol…

Câi'r Cymry eu troi'n Saeson, a chyda Deddf Addysg 1870 daeth y lefiathan gwladwriaethol ei hun i'r maes gan sefydlu ysgolion Saesneg ym mhob plwyf trwy'r wlad a gorfodi'r plant oll i'w mynychu hyd at bedair ar ddeg oed… ac yn gefndir i hyn trwy gydol y genhedlaeth honno llifodd cannoedd o filoedd o Saeson a Gwyddelod ac eraill i'r ardaloedd diwydiannol, ac roedd yr addysg a gâi'r plant yn gyfan gwbl Saesneg…

Wedi tair cenhedlaeth arall o'u malu gan y melinau Saesneg a difrawder cynifer o Gymry, yn ystod yr hyn oedd yn 'aeaf y genedl', syrthiodd cyfartaledd y Cymry Cymraeg o un o bob dau, fel y bu yn nechrau'r ugeinfed ganrif, i un o bob pump heddiw. Disgynnodd y Saesneg fel pla difaol ar aelwyd ar ôl aelwyd, ar fro ar ôl bro, ar dref ar ôl tref… Ond mae hanner miliwn yn dal i siarad Cymraeg… ond mae'r ffaith yn aros fod dwy waith a hanner yn fwy o bobl yn siarad Cymraeg heddiw nag oedd yn nyddiau Dafydd ap Gwilym.

Ac ymhlith yr hanner miliwn hyn y mae lleiafrif sylweddol o genedlaetholwyr sydd, gyda chymorth miloedd o wlatgarwyr di-Gymraeg, wedi bod wrthi ers degau o flynyddoedd yn ceisio adfer hunan-barch y Cymry ac yn deffro'u teyrngarwch i'w gwlad. Sylweddolodd y rhain yr angen am hunanlywodraeth fel y gallai'r Cymry lunio amodau economaidd a gwleidyddol eu bywyd. Ond efallai mai dyfnhau'r ymwybyddiaeth cenedlaethol oedd eu cyflawniad pwysicaf… Yr unig allu Cymreig a barcha'r llywodraeth yw cenedlaetholdeb. Mae'n ofni hwnnw, a dyma'r grym moesol a ddymchwelodd yr ymerodraeth Brydeinig…

Erbyn hyn datblygwyd y cyfrwng mwyaf grymus a welodd dynoliaeth. Gyda bendith a chymorth di-arbed y llywodraeth enillodd teledu reolaeth dawel ym mhob cartref bron… ac y mae'n lladd yr iaith a'r diwylliant brodorol yn ddidrafferth a di-stŵr.

Os ryn ni i fyw mae'n rhaid cael gwasanaeth Cymraeg ar ein sianel. Nid yw hyn yn ddigon ohono'i hun i achub yr iaith, ond heb wasanaeth teledu cyflawn ni all yr iaith fyw...

Roedden ni'n mynd i gael gwasanaeth teledu Cymraeg am bump awr ar hugain yr wythnos ar yr oriau brig ar y bedwaredd sianel o dan reolaeth Gymreig gyda chyllid digonol... Ond anwybyddodd William Whitelaw anghenion Cymru ac yng Nghaergrawnt bell y cyhoeddodd ei fod am dorri ei air.

Beth allen ni wneud?... Penderfynodd dwy fil o bobl wrthod talu am drwydded deledu... rwy'n un o'r ddwy fil, ond fel Llywydd Plaid Cymru teimlwn ei bod yn ddyletswydd arnaf i wneud mwy.

Cyhoeddais ar y 6ed o Fai y byddwn yn dechrau ymprydio ar y 6ed o Hydref pe na phenderfynai'r llywodraeth gadw ei gair.

Gobeithiaf yn fawr y bydd ewyllys penderfynol y Cymry yn ennill ymateb cadarnhaol gan y llywodraeth a gwneud yr ympryd yn ddiangen...

Dros Gymru y mae ein brwydr ni, dros gyfiawnder iddi, dros ryddid iddi, dros gynnal yr heniaith felys hon, dros dreftadaeth sy'n unigryw ymhlith pobloedd y ddaear...

Yn nydd ei hargyfwng blin, ein braint ni yw sefyll ar ein traed yn llu mawr iawn gydag anadl einioes y genedl ynom a gwneud popeth a fedrwn i'w nerthu trwy'r holl rwystrau sy'. Os ymunwn yn ymroddgar yn hyn daw'r dydd pan sylweddolwn yng Nghymru bosibiliadau diderfyn ein gwlad.

(Detholiad oddi ar y record Rhaid i Gymru Fyw gan Gwynfor Evans, 5ed o Orffennaf, 1980 yn dilyn ei gyhoeddiad ar y 6ed o Fai y byddai'n cychwyn ar ei ympryd ar y 6ed o Hydref, 1980.)

Cyhoeddwyd gan Blaid Cymru a Chwmni Sain

ETHOLAETH CAERFYRDDIN

Plaid Cymru yn Cychwyn i'r Cynghorau Sir: Cipio 14 o Seddau

Yn Llangadog a'r cylch yr oedd y miri: yno, Mr Gwynfor Evans, Y Llywydd, oedd ymgeisydd Plaid Cymru. Cynhaliodd ei bedwar o gyfarfodydd cyhoeddus – a daeth rhyw 600 iddynt: yr oedd y bobl ifainc yn frwdfrydig erddo.

Daeth dydd y pleidleisio a'r brwdfrydedd yn uchel; caeodd y polio am wyth; daeth chwech o gefnogwyr Mr Evans am ddau funud wedi wyth – rhy hwyr, oherwydd i'w car dorri i lawr.

Dechreuodd y cyfrif – ac yr oedd yr ymgeiswyr mor agos fel y bu'n rhaid ail gyfrif; ac wedyn gyfrif y drydedd waith. Oddi allan, yr oedd tyrfa fawr o dros fil yn disgwyl – gan aros yno hyd chwarter wedi un y bore.

O'r diwedd cyhoeddwyd y canlyniad:

Mr T. Jones 406

Mr Gwynfor Evans (Plaid Cymru) 405

Mr W. Jones 299

Mwyafrif 1

Ni roed bonllef na chymeradwyaeth i'r buddugwr gan y dyrfa fawr.

(Adroddiad yn Y Ddraig Goch, Ebrill 1946)

Ymladd Caerfyrddin y Tro Cyntaf

Jennie Eirian, Brynaman, oedd ymgeisydd y Blaid yn etholiad '55 a fu'n rihersal gogyfer â'i hymdrech fawr yn isetholiad 1957. Rhaid fy mod wedi siarad gyda Jennie mewn cant o leiaf o gyrddau a gwn fod ei rhaglen wedi dihysbyddu ei nerth hi dros dro. Er trymed y straen ni fethodd unwaith â rhoi anerchiad sylweddol a chaboledig. Gwnaeth y cyrddau hyn waith mawr wrth fraenaru'r tir gogyfer â had cenedlaetholdeb. Rhoesant hefyd gyfle i filoedd glywed iaith ac acen brydferth Jennie, a'i thraddodi grymus. Onid gan ferched Sir Gâr y mae'r acen hyfrytaf yng Nghymru?

Bywyd Cymro, 1982

Isetholiad Caerfyrddin 1957 – Cynnydd o 50 y cant

Ychwanegodd Plaid Cymru 50y cant at ei phleidlais yn etholiad Sir Gaerfyrddin, ac yr oedd gwneud hyn o dan yr amgylchiadau yn gamp fawr iddi. Yn yr isetholiad 28ain o Chwefror, enillodd Mrs Jennie Eirian Davies 5,741 o bleidleisiau.

Er cymaint yr anawsterau yn ei herbyn ychwanegodd Plaid Cymru bron dwy fil at ei phleidlais, a gwyddys fod rhan dda o'r rhain wedi dod o'r genhedlaeth ifanc.

Plaid sy'n codi yw Plaid Cymru ac yn yr etholiad hwn gosodai'r sylfeini at y dyfodol. Dwy flynedd yn ôl (1955) yr ymladdwyd yn yr etholaeth am y tro cyntaf, ond eisoes pleidleisiodd 5,741 drosti. Cyn hir Plaid Cymru fydd prif wrthwynebydd y Blaid Lafur Seisnig yma, ac o fewn deng mlynedd bwriadwn ennill y Sir.

Y Ddraig Goch, Ebrill 1957

Na Fodded Cwm Gwendraeth

Sefyllfa ynfyd yn unig a esgorai ar y bwriad i greu cronfa ddŵr yn y Gwendraeth Fach a foddai ffermydd da a dinistrio cymdogaeth Gymraeg. Mae'n wir mai trefydd a diwydiannau yng Nghymru a elwai ar y cynllun, a bod hyn yn ei wahaniaethu mewn modd pwysig oddi wrth gynlluniau Tryweryn a Chlywedog; ond erys y ffaith fod y drwg cymdeithasol a achosid yn fawr a chwbl ddiangen.

Daw'r angen am Fwrdd Dŵr Cymreig a fedd y galluoedd a all sicrhau datblygiad ein hadnoddau dŵr er budd Cymru, heb sarnu bywyd cymdeithasol gwledig, yn daerach bob blwyddyn.

Ni ellir meddwl am Fwrdd Dŵr Cymreig yn boddi'r Gwendraeth Fach. Y mae cymaint o ddulliau ac o fannau eraill yn bosibl nad achosai dramgwydd i odid neb.

Byddai llyn yn un o ddyffrynnoedd y Tywi uchaf yn ychwanegu at brydferthwch ac at gyfleusterau'r rhan honno o Gymru, ac yn dwyn elw i ran dlawd o'r wlad o'i defnyddio gogyfer ag ymwelwyr.

Y Ddraig Goch, Gorffennaf/Awst 1963

Camlywodraeth yng Nghymru

Cronicl o gamlywodraeth drychinebus fu hanes yr hanner canrif ddiwethaf yng Nghymru meddai Mr Gwynfor Evans, Llywydd Plaid Cymru, mewn cynhadledd a alwyd i baratoi ar gyfer yr Etholiad Cyffredinol nesaf.

"Y mae'r Pleidiau Seisnig pa un bunnag ai fel llywodraeth neu fel gwrthblaid wedi methu'n druenus sicrhau amodau ar gyfer cynnydd Cymru mewn materion diwylliannol ac economaidd."

Galwodd Mr Evans am fenter a dychymyg i sicrhau cynnydd economaidd yn Sir Gaerfyrddin – yr oedd angen trefn fodern o drafnidiaeth, am wneud defnydd priodol o adnoddau cyfoethog y sir, yn dir, glo a dŵr, ac am Fwrdd Cynllunio Cymreig a chanddo alluoedd digonol.

Pwysleisiodd Mr Evans mai amddiffyn pobl Cymru a wna'r Blaid, a'i bod hi'n ymladd yn feunyddiol am chwarae teg iddynt. Am ei bod yn rhoi Cymru'n gyntaf y mae'n dylanwadu fwy ar y llywodraeth mewn materion Cymreig na'r un o'r pleidiau Seisnig. Manylodd Mr Evans ar gyflwr Sir Gâr a'i phobl ifainc, trafnidiaeth a ffyrdd, y perygl o foddi Llangyndeyrn a'r angen am Uned Economaidd i Gymru.

Y Ddraig Goch, Chwefror 1964

Isetholiad Sir Gaerfyrddin

Ein Cyfle Gorau Eto? – y gwaith wedi dechrau

Derbyniodd Mr Gwynfor Evans, Llywydd Plaid Cymru, wahoddiad unfrydol a brwdfrydig iawn Pwyllgor Rhanbarth Caerfyrddin i ymladd eto, ac mae berw mawr o ganlyniad ymysg Pleidwyr trwy Gymru.

"Plaid sydd ar ei ffordd i fyny yn y Sir ydym ni," meddai Mr Evans. "Mae'r genhedlaeth ifanc yn ein cefnogi, ac y mae'r trai economaidd yn y sir yn troi pobl feddylgar i gefnogi polisi'r Blaid."

"Mae Mr Gwynfor Evans yn mynd i ennill y sedd yn yr isetholiad," oedd sylw Mr Dyfrig Thomas, Trefnydd newydd y Blaid yn y De-Orllewin, wrth annerch Adran Ieuenctid Caerfyrddin. Yn ôl Mr Geraint Thomas, Llywydd yr Ifanc, mae'r adran yn rhifo yn agos at 250, ac os oedd hyn yn arwydd o gwbl, yr oedd yn arwydd o gynnydd sylweddol iawn mewn cefnogaeth drwy'r sir.

Y Ddraig Goch, Gorffennaf 1966

Ennill Caerfyrddin

Araf iawn bu'r twf yng Nghaerfyrddin. Ymladd etholiad seneddol sy'n nodi cychwyn effeithiol plaid, ac ym 1955 gyda Jennie Eirian yn ymgeisydd fe ymladdodd Plaid Cymru Caerfyrddin am y tro cyntaf. Yr oedd galw am greu trefniadaeth fwy effeithiol.

Y trobwynt yn hanes y pwyllgor etholaeth oedd penodiad Cyril Jones, Pumsaint, yn ysgrifennydd; o hynny ymlaen datblygodd mewn nerth ac effeithiolrwydd a gwelwyd y ffrwyth yn y tri etholiad seneddol a ymladdwyd o fewn pedair blynedd imi ddod yn ymgeisydd. Cyril oedd fy nghynrychiolydd yn y rhain.

Ym 1964 yr ymleddais Caerfyrddin am y tro cyntaf. Dyblwyd pleidlais y Blaid yn etholiad 1964 gan ei chodi o 2,500 i 5,500 – y bleidlais fwyaf a gafodd unrhyw ymgeisydd o genedlaetholwr, er nad oedd yn ddigon i gadw'r ernes. Yn etholiad cyffredinol Mawrth 1966 cawsom 7,500, y bleidlais fwyaf a gafodd y Blaid erioed.

Ym Mai 1966 fe dorrwyd ar dawelwch y bywyd teuluol, os dyna'r ffordd gywir o roi'r peth, gan y newydd am farwolaeth Megan Lloyd George.

Ymladdaswn wyth etholiad seneddol cyn hynny, gan golli'r ernes mewn chwech ohonynt.

Bywyd Cymro, 1982

Y Diwrnod Cynt

Ro'n i'n gobeithio'n gryf y gallwn i ddod yn ail, achos trydydd gwael oeddwn i cyn hynny, a tasen i wedi dod yn ail, ac yn ail da, bydde hynny wedi paratoi'r ffordd i mi ennill y sedd y tro wedyn. Ond nid yn ail y dethon ni wrth gwrs, ond yn gyntaf.

Y diwrnod cyn yr etholiad ei hun roeddwn i ym mart Caerfyrddin ac yn gwylio'r arwerthwr yn gwerthu gwartheg, ac yr oedd yr arwerthwr yn gefnogwr i ni. Roedd cwpwl o gannoedd yn siŵr yno o gwmpas y cylch a dyma fe'n gweiddi ar draws y bobol i gyd, 'Hundred pounds, hundred pounds I'm bid', ac yn y blaen,

'Are you in, Mr Evans?' medde fe.

' I will be tomorrow night', mynte fi.

A'r noson honno fe gawson ni gyfarfod mawr iawn – y mwya ohonyn nhw i gyd wrth gwrs, yn y Lyric yng Nghaerfyrddin. Roedd tua mil o bobol yno a llawer wedi methu mynd i mewn. 'Ro'n nhw mas ar y strydoedd, ac ro'n i'n adrodd y stori hon o'r llwyfan am y mart, a dyma ddyn yn neidio lan ar y galeri ac yn gweiddi mas

'I was that man! I was that man!'

Cyfweliad Radio, 14 Gorffennaf 1991

Noson y Cownt yn '66

Rhywbeth wedi canol nos y noson honno awn i'r cownt gan groesi Sgwâr Nott. Uwchlaw Guildhall Caerfyrddin daeth Elwyn Roberts tuag ataf. Roedd newydd ddod allan o'r cyfrif gyda'r newydd fy mod i mewn. Er iddo daeru bod hyn cyn wired â'r Efengyl ni allwn ei gredu. Ond cyn gynted ag yr es drwy'r drws i Neuadd y Guildhall gwelwn ei fod yn wir. Ar ôl cynhoeddi'r canlyniad oddi mewn daeth y swyddog etholiad i'r galeri y tu allan i'w gyhoeddi i'r dyrfa a orlenwai

sgwâr fawr y dref. Pan welodd y dorf fy mod yn dilyn nesaf ato
aeth yn wyllt. Gwyddent fod cenedlaetholwr wedi ennill y dydd o'r
diwedd. Y pennawd bras yn y *Daily Mail* drannoeth oedd '*Wales Wins
Carmarthen*'. Ar 14 Gorffennaf y cynhaliwyd y lecsiwn. Gwelodd
llawer arwyddocâd yn y ffaith mai 14 Gorffennaf 1789 y syrthiodd y
Bastille. Ar 14 Gorffennaf 1886, bedwar ugain mlynedd i'r diwrnod,
etholwyd Tom Ellis i'r senedd ym Meirion.

Am ddau o'r gloch y bore fe'm cariwyd ar ysgwyddau cefnogwyr i'r
car i fynd adref. Mawr oedd y gorfoledd. Ymddangosai i mi fod pawb
yn hapus ond y buddugwr, er ei fod yntau hefyd yn gorfod gwisgo
gwên lydan. Llethwyd ei lawenydd ef wrth feddwl am bwysau baich y
cyfrifoldeb newydd arno a'r ofn y gallai siomi ei bobl.

Bywyd Cymro, 1982

Gwynfor yn cario'r dydd – Cadwodd y Bobl eu Gair

Ble arall y dewisai cenedlaetholwr fyw yn y dyddiau cyffrous hyn
ond yn Sir Gaerfyrddin? Hi yw'r sir fwyaf yng Nghymru; hi hefyd,
ar hyn o bryd, yw'r orau. Ei Chymry hi a ddihunodd gynta i'r alwad
genedlaethol a thaflu'r hen, hen waseidd-dra Cymreig o'r neilltu a
bwrw pleidlais wrth y miloedd dros Genedlaetholwr Cymreig.

Gŵr o Sir Gâr yw Gwynfor, er ei fagu ym Morgannwg. Yn naear
Sir Gâr y mae ei wreiddiau; yn Sir Gâr y mae'n byw. Fe wyddom ni
am ei frwydro diflino dros Gymru gyfan, ac fel yr 'Aelod dros Gymru'
y meddyliwn ni amdano yn y Senedd heddiw. Ond i wŷr Sir Gâr, un
ohonyn nhw'u hunain yw Gwynfor.

… Mae bron bawb erbyn hyn wedi clywed, neu ddarllen, geiriau
Gwynfor o falconi neuadd y dref y noson honno gan gynnwys ei
frawddeg broffwydol, "Ni all Senedd i Gymru fod ymhell."

… Bellach, dyma Aelod cyntaf Plaid Cymru yn Senedd Llundain.
Mae'r wyrth wedi digwydd. Fe ddaethom o'r anialwch. Ac ar wahân i
ambell greadur cwbl wrth-Gymreig, rwy'n credu fod pawb yn falch.

Balch ydw i er mwyn y rhai sydd wedi llafurio ar hyd y blynyddoedd hirion diobaith; er mwyn D J, er mwyn J E, ac Elwyn a Nans a'r llu ffyddloniaid; er mwyn Rhiannon a safodd wrth ochr ein Llywydd trwy'r dyddiau blin, a'r nythaid teg o benaethau sydd yn Nhalar Wen, a fu mor ddiwyd ac mor fedrus yn helpu'u tad yn yr ymgyrch. Ond yn bennaf, wrth gwrs, i Gwynfor ei hun. Pwy fyth a ŵyr faint a gostiodd iddo fe ein cadw ni gyda'n gilydd pan oeddem ni'n gwangalonni? Faint fu'r gost o gadw Plaid i gredu ynddi'i hun ac yn ei chenhadaeth am un mlynedd ar hugain?

Y Ddraig Goch, Awst 1966 – stori 'Etholiad y Ganrif' gan Islwyn Ffowc Elis

Yn dilyn buddugoliaeth Isetholiad Caerfyrddin 1966

Llefaraf yn awr o ganol y rhuthr a'r berw a ddilynodd etholiad hanesyddol Caerfyrddin, lle cyflawnwyd yr amhosibl gan weddnewid rhagolygon y genedl Gymreig. Profodd gwŷr a gwragedd Sir Gaerfyrddin, ac mae Sir Gaerfyrddin yn ymestyn o Landdowror i Bantycelyn, fod cenedl y Cymry'n benderfynol o fynnu dyfodol cenedlaethol. Cyhoeddwyd gerbron y byd fod Cymru'n genedl a'i bod hi eto'n fyw. Dysgodd miliynau dirif drwy'r byd y newydd rhyfedd fod yma genedl fach, ar yr ynys hon, a fu o'r golwg yn ddiurddas a di-nod ers canrifoedd, yn awr yn ymwthio i'r wyneb. Roedd ennill un sedd i achos Cymru yn ddigon i greu'r cynnwrf hwn.

Cymerwyd camau bras ymlaen tuag at adfer urddas a hunan-barch hen genedl a oedd wedi anghofio sefyll ar ei thraed ei hun. Adferwyd mewn miloedd tu allan i'r hen sir hon deyrngarwch i genedl y gwelodd eu cyn-dadau'n dda i roi'u bywyd dros ei rhyddid hi. Fydd pethau byth yr un peth yng Nghymru wedi etholiad Sir Gaerfyrddin ar Orffennaf 14eg, 1966. Gall brofi'n fwy ei harwyddocâd nag etholiad Tom Ellis ar Orffennaf 14eg, 1886. Efallai y bydd modd cymharu'r effaith ar Gymru ag effaith cwymp y Bastille ar Ffrainc ar Orffennaf 14eg, 1789! Oni all fod yn arwydd fod gormes canrifoedd ar Gymru ar ddod i ben.

Ganrif yn ôl gellid cymharu cadernid y Gymraeg yng Nghymru â'r Ddaneg yn Nenmarc. Ond erbyn heddiw mae'r Ddaneg yn iaith pawb yn Nenmarc, ac yn iaith ei holl fywyd hi, ei Phrifysgolion a'i hysgolion oll, ei phapurau newydd, llysoedd y gyfraith, y llywodraeth, ei theledu, operâu a'i theatr genedlaethol. Ond am Gymru druan, edrychwch ar adfeilion y Gymraeg mewn llawer tref a sir – iaith heb gydnabyddiaeth swyddogol, heb sefydliadau cenedlaethol, heb un papur dyddiol. Iaith a wthir i ychydig oriau'r wythnos ar deledu ar yr oriau salaf. Iaith nad oes theatr genedlaethol ganddi, na thŷ opera cenedlaethol i'w defnyddio hi, iaith nad oes gan neb yr hawl i'w defnyddio mewn llys na llywodraeth, iaith na ddefnyddir fel cyfrwng, ond gydag ychydig o eithriadau, mewn ysgolion uwchradd na phrifysgol...

Mae i genedl ystyr a phwrpas. Creadigaeth yw hi; creadigaeth yw'r genedl Gymreig; creadigaeth sy'n rhan o fwriad 'rhagluniaeth fawr y nef'. Mae'n ddyletswydd arnom ni fod Cymru'n cael byw – byw ei bywyd ei hun – a'i fyw'n gyflawn gan wneud ei phriod gyfraniad i wareiddiad ac i'r bywyd rhyngwladol...

Gadewch i ni'n awr, ar yr unfed awr ar ddeg yn hanes ein cenedl ni, ewyllysio bywyd llawn i'n gwlad a mynnu cael y sefydliadau sy'n creu bywyd cyflawn. Llywodraeth Gymreig yw'r sefydliad hanfodol. Pe penderfynem ni ar hyn, yna gyda'n gilydd gallem fynd â'r maen i'r wal o fewn yr ychydig flynyddoedd nesaf hyn.

Methiant, a methiant truenus yw llywodraeth Loegr yng Nghymru, ond er mai Cymru a lywodraethir salaf o bob gwlad yn Ewrop, ni ddinistriwyd hi'n llwyr eto. Y mae bywyd yma; nid yw Duw na Chymru wedi marw. Mae'r genhedlaeth ifanc yn codi'n gryf o blaid ein gwlad. Nid golau'r machlud a welwn ni yma ond golau gwawr newydd i'r hen genedl hon.

Deuwn ni oll ynghyd yn awr, o bob enwad a phob plaid, bawb yng Nghymru sy'n deyrngar i'w gwlad, i fynnu cymod â'i hen orffennol hi, a mynnu yma Senedd a Llywodraeth fel y gallwn ni ei phlant o hyn allan benderfynu ei thynged hi.

(Detholiad oddi ar y record Cymru'n Deffro gan Gwynfor Evans A S.)
Cyhoeddwyd gan Recordiau'r Dryw

Gobaith Da Cipio Caerfyrddin Eto – Gwynfor

"Mae diolch Cymru a'r Alban yn ddyledus i bobl dda Caerfyrddin am yr hyn a wnaethon nhw yn yr isetholiad hanesyddol yn 1966," meddai Gwynfor Evans, Llywydd Plaid Cymru, yn ei Gyfarfod Mabwysiadu fel Darpar Ymgeisydd Seneddol Caerfyrddin ar Fedi'r 28ain, 1973.

"Fe wnaeth y fuddugoliaeth honno les aruthrol i Sir Gaerfyrddin, ac fe gychwynnodd ar gyfres o ddigwyddiadau sydd yn awr yn trawsnewid holl hanes Cymru a'r Alban, a hynny er gwell.

"Arweiniodd yng Nghymru at bleidlais anferth i Blaid Cymru yn Rhondda, Caerffili, a Merthyr. Yn yr Alban ni allai Plaid Genedlaethol yr Alban fod wedi breuddwydio am ennill Hamilton oni bai i Gaerfyrddin ddangos y ffordd.

"Fe gyneuodd Sir Gaerfyrddin dân nas diffoddir fyth.

"Sefydlodd y Llywodraeth ym 1968 Gomisiwn Brenhinol, Comisiwn Kilbrandon bellach ar y cyfansoddiad, y digwyddiad mwyaf o'i fath yn hanes Prydain.

"Byddai buddugoliaeth arall i Gymru yng Nghaerfyrddin yn yr etholiad cyffredinol nesaf yn cwblhau y gwaith a gychwynnwyd yn 1966.

"Fy apêl yn awr i wŷr a merched yr holl bleidiau yw ar ichi uno y tu ôl i ni yn y frwydr fawr dros 'Hen Wlad fy Nhadau'."

Y Ddraig Goch, Hydref 1973

Yn Frenin – Gwynfor Yno ...
Yr unig sedd a gollodd Llafur trwy Brydain oll

Wrth fyrddio'r trên am Lundain ar orsaf Caerfyrddin dywedodd yr Aelod Seneddol newydd, "Mae hwn yn ddiwrnod nodedig i mi, ond hefyd mae'n ddiwrnod cyffrous i Gaerfyrddin ac i Gymru. Oherwydd y bleidlais fawr a'm rhoddodd i mewn bydd gennyf ddylanwad mwy na'r rhelyw o Aelodau Seneddol sy'n gaeth i'w Chwipiau a'u Partïon.

"Caerfyrddin yw'r unig etholaeth ym Mhrydain a daflodd y Blaid Lafur mas. Rhoddodd i Blaid Cymru, llais Cymru, y bleidlais fwyaf a dderbyniodd erioed. Yn wahanol i 1966 nid af ar fy mhen fy hun y tro hwn. Edrychaf ymlaen at gydweithio gyda dau genedlaetholwr ifanc o Wynedd ac un ar ddeg o aelodau SNP yr wyf yn eu hadnabod oll yn bersonol. Bydd mwy o genedlaetholwyr nag o Ryddfrydwyr yn y senedd newydd.

"Yn fuan iawn fe fydd gan Gymru ei Senedd Genedlaethol ei hun. Mae pobl Cymru ar fin mynnu'r hawl i reoli eu bywyd cenedlaethol fel yr Albanwyr."

Y Ddraig Goch, Tachwedd 1974

Portread ar S4C o Gwynfor Evans

Cawn wybod yng nghwrs y gyfres ei fod yn casáu Llundain ac na fu colli etholiad 1979 yn gymaint â hynny o siom iddo:

"Yn bersonol roeddwn i'n ddigon bodlon," meddai. "Roedd fy iechyd i'n symol ar y pryd … pe bawn i wedi ennill yr etholiad hwnnw fyddwn i ddim yn dal ar dir y byw."

(Rhagflas yn Y Cymro, Hydref 1990)

Dathlu'r Degfed – Rali Llangadog – degfed penblwydd buddugoliaeth Caerfyrddin

… Er bod Plaid Cymru yn bod ers dros hanner canrif, dim ond yn ystod y degawd diwethaf y dechreuodd fagu nerth sylweddol fel grym gwleidyddol yn yr ymdrech i sicrhau'r Gymru a fynnwn. Ni enillwyd eto hyd yn oed y math o gynulliad y mae'r Llywodraeth yn ei drafod. Y mae gan ein gwrthwynebwyr nerth mawr wrth reswm; a syndod yw inni gyrraedd mor bell gyda dim ond tri Aelod yn y Senedd. Yno y mae'r Torïaid yn un bloc solet yn erbyn y Cynulliad; ac yn y Blaid Lafur hithau y mae carfan go niferus o adweithwyr "English Backlash" sy'n cynnwys Abse, Anderson a Kinnock (y tri yn byw yn Llundain). Y mae cymhellion y rhain yn gymysgfa o genedlaetholdeb Seisnig ac o imperialaeth Prydeinig, o ymroddiad i ganoli pob gallu ac ofn y bydd y radd leiaf o ymreolaeth yn rhoi i Gymru a'r Sgotiaid fantais annheg dros y rhanbarthau Seisnig…

Am ganrifoedd, gelyn mawr y genedl Gymreig fu'r Wladwriaeth Brydeinig. Hi yw'r gelyn o hyd. Mae'n hanfodol i'r Cymry adnabod eu gelynion...

Cynyddodd Plaid Cymru yn ddigon cryf i orfodi'r Llywodraeth i baratoi mesur o ddatganoli i'w osod gerbron y Senedd...

Yr ydym yn byw gan hynny mewn cyfnod gobeithiol a chreadigol. Gallwn edrych yn ôl heddiw ar dros ddeng mlynedd o dwf ac adfywiad y llwyddiant. Gwelsom genedl yn deffro ac yn dechrau ymdeimlo â'i nerth a'r grym deinamig mewn cenedlaetholdeb.

Mae'r llanw o'n plaid yn awr... a bydd Cymry, sydd heddiw o oedran myfyrwyr Cymreig, yn byw mewn Cymru rydd ac yn ystyried hynny y peth mwyaf naturiol yn y byd.

Y Ddraig Goch, Awst 1976

WESTMINSTER

Wedi Seinio Buddugoliaeth

Gwyddai pawb fod llygaid Prydain a'r pleidiau i gyd ar isetholiad Caerfyrddin.

"Nid ar chware bach mae symud Mr Wilson o'r lle blaen yn y papurau," meddai Mr Gwynfor Evans, gyda gwên ar ei wyneb.

Gofynnais iddo pam mai yn Sir Gaerfyrddin yr enillodd Plaid Cymru ei sedd gyntaf?

"Rhaid i chi gofio mai yma y cychwynnodd y diwygiad Methodistaidd, ac y mae yma bobl sy'n dyheu am arweiniad gwahanol. Mewn geiriau eraill dyma sir ac iddi draddodiad radicalaidd. Wedi'r cwbl yr oedd gan y sir Aelod Llafur mor bell yn ôl â 1929.

"Nid gennyf fi y mae'r gallu," meddai, "ond gan y bobl a'm rhoddodd i yn y Senedd. A sylfaen y ddadl yw fod y bobl wedi dewis datgan eu Cymreigrwydd ac y mae'r Llywodraeth yn gwrando ar lais y bobl."

Y Cymro, 21 Gorffennaf 1966

Senedd Llundain

Am hanner awr wedi tri safwn wrth far siambr Tŷ'r Cyffredin gydag S O Davies a Jim Griffiths, fy nau noddwr, un bob ochr. Roedd pob rhan o'r siambr yn orlawn, galeri'r wasg, galeri'r cyhoedd a meinciau gwyrdd yr aelodau, gydag ugeiniau yn sefyll yn dynn yn erbyn cadair y Sargeant at Arms ac yn ymyl y drysau. Gofynnais ar bwynt o drefn a gawn gymryd y llw yn Gymraeg. Gwrthododd y Llefarydd ganiatáu

hyn a darllenodd ddatganiad hir yn esbonio pam na châi neb siarad
yn yr un iaith ond Saesneg yn y Senedd. Addawyd ffurfio pwyllgor i
ystyried y cwestiwn, ac ar ôl yr etholiad nesaf fe gâi'r aelodau gymryd
llw yn y Gymraeg.

Fy nghwestiwn cyntaf i'r Prif Weinidog oedd a gyflwynai fesur i
sefydlu senedd yng Nghymru. Ei ateb oedd "No."

Yna, diolchodd Jim Griffiths i Harold Wilson am a wnaethai dros
Gymru ac fe'm hanogodd i gydweithredu i ad-drefnu llywodraeth
leol yn hytrach na hela "Will o' the wisps." Yn etholiad 1945 buasai
hunanlywodraeth Gymreig yn rhan o anerchiad etholiadol Jim. Pan
ddywedwyd hyn wrtho, dywedodd fod yr amgylchiadau wedi newid.
Amgylchiadau Jim a newidiodd.

Bywyd Cymro, 1982

Cyfeillion!

Wrth fy nhywys trwy'r ystafelloedd te, cyfeiriodd Emrys Hughes
at y bwrdd Cymreig: *"I wouldn't sit there if I were you,"* meddai,
"your name is mud there." Eisteddais i ddim yno trwy gydol pedair
blynedd a hanner y senedd honno. Ac eithrio Elystan Morgan nid
oedd gennyf gyfaill ymhlith yr aelodau Cymreig. Bu Michael Foot
yn gyfeillgar o'r dechrau; fe'i cefais erioed yn ŵr bonheddig, cywir
a chynnes.

Bywyd Cymro, 1982

Fy Ngyrru i Bolitics

Yn wahanol i'r 360 aelod seneddol a oedd, i bob golwg, wrth
eu bodd ym Mhalas Westminster, fe'i cawn yn anodd goddef y lle.
Pwysai ei Seisnigrwydd hunanfodlon yn drwm ar fy ysbryd. Efallai y
byddai'n wahanol pe bawn i'n iau, ond gŵr tair ar ddeg a deugain oed
a etholwyd gan Gaerfyrddin. Wedi'r cyfan, San Steffan yw'r symbol
Seisnig grymusaf sy'n bod, cryfach symbol hyd yn oed na'r Goron
Seisnig.

Ni'm ganed i fod yn aelod seneddol nac yn wleidydd proffesiynol.

Cael fy ngyrru i bolitics a wnes i am mai yn y maes gwleidyddol y gwneir pob penderfyniad sy'n effeithio ar y genedl Gymreig oll.

Bywyd Cymro, 1982

George Thomas

Roedd tebygrwydd rhwng fy mhrofiadau yn y senedd yn ystod y tymor cyntaf a'm profiad ar y cyngor sir. Yn y ddau le yr oeddwn ar fy mhen fy hun y rhan fwyaf o'r amser, ac yn y ddau le bu'r Llafuryddion yn arbennig o ymosodol.

Mae'n anodd i neb gofio neu ddychmygu'n awr pa mor fileinig y bu George Thomas.

Roedd hwnnw yn aruthr yn ei wrth-Gymreictod ac yn filain yn ei barodrwydd – siriol bob amser – i bastynu cenedlaetholwr yn ei ben a'i drywanu yn ei frest neu yn ei gefn. Ef oedd arswyd cenedlaetholdeb Cymreig a'r iaith Gymraeg. Bu Leo Abse yn dyner mewn cymhariaeth. Plaid Cymru a Chymdeithas yr Iaith oedd ei hoff gocynnau hitio. Yn y senedd, gyda grym llywodraeth Prydain yn gefn iddo a'i fytheiaid o'i gwmpas yn ysu am waed, yr oedd y cenedlaetholwr unig a safai'r ochr draw yn ysglyfaeth flasus.

Bywyd Cymro, 1982

George Thomas

Cenedlaetholwr Prydeinig fu George Thomas drwy'r adeg. O bawb o'r aelodau Llafur, ef oedd y mwyaf gwrth-Gymraeg a gwrth-Gymreig. Roedd yn addoli'r teulu brenhinol ac yn faleisis ei ymosodiad ar genedlaetholdeb Cymreig, ac yn manteisio ar bob cyfle i ddod â helyntion Gogledd Iwerddon i mewn.

Golwg, 13 Mehefin 1996

Araith gyntaf Gwynfor Evans A.S.

Traddododd Mr Gwynfor Evans ei araith gyntaf yn y Tŷ Cyffredin
ddydd Mawrth 26ain o Orffennaf, 1966, ar gynnig gan Mr Edward
Heath, arweinydd yr wrthblaid, yn datgan diffyg ymddiriedaeth yn y
llywodraeth i reoli materion economaidd "y genedl." Cafodd yr araith,
a gymerth 20 munud i'w thraddodi, groeso mawr yn arbennig ymhlith
y Saeson a siaradai ar ei ôl. Gan ei bod yn fwriad cyhoeddi'r araith ni
wneir yma namyn rhoi tameidiau ohoni; diolchwn i R E Jones am y
cyfieithiad. *(Golygydd)*

"Mi ddymunwn i siarad dros Gymru ar y cynnig hwn, er nad
yw ei eiriad yn crybwyll y genedl Gymreig. Cyfeiria'r cynnig at un
genedl. Ond y mae pedair cenedl yn yr ynysoedd hyn. Efallai bod y
rhai a luniodd y cynnig yn meddwl am y genedl Seisnig, oblegid hi,
i'r tŷ hwn, yw'r genedl... Mi gredaf mai'r rheswm am hynny yw fod
gwladwriaeth Brydeinig yn bod, a chymysgir yn fynych rhwng termau
"cenedl" a "gwladwriaeth."

Sut bynnag, nid yw'n dilyn, oherwydd bod "gwladwriaeth
Brydeinig," fod y fath beth yn bod â "chenedl Brydeinig." Y mae'r
wladwriaeth Brydeinig yn aml-genhedlig.

Er pan gorfforwyd Cymru yn Lloegr ym 1536, polisi y naill
lywodraeth ar ôl y llall (yn ysbeidiol y'i gweithredwyd mae'n wir) fu
cymhathu'r Cymry â'r Saeson a thrwy hynny ddifodi'r genedl Gymreig.
Enghraifft o hyn oedd yr agwedd at yr iaith ...

Yn y sefyllfa honno penderfynwyd yn y Tŷ hwn ar gynnig un a
oedd yn aelod o'r Tŷ, 'i anfon yr ysgolfeistr Seisnig i'w plith', (*'Send the
English Schoolmaster among them*). Fe ddywedodd y cynigydd y byddai
hynny'n rhatach nag anfon milwyr i'w gwareiddio.

Y mae'r iaith Gymraeg yn parhau o hyd heb feddu statws swyddogol
yn ei thiriogaeth ei hun, ac nid oes bwriad gan y Llywodraeth i roi iddi
ddim byd tebyg i statws gyfartal â'r iaith Saesneg.

Fel rheol honnir bod pobl Cymru o dan y drefn Seisnig – beth
bynnag arall sy'n ddiffygiol iddynt – yn mwynhau ffyniant economaidd
... Mae cenedl y Cymry yn ffynnu meddai'r Prif Weinidog ... Dyma'r
math o ffwlbri nawddoglyd yr ydym wedi cynefino ag ef drwy'r

blynyddoedd. Ond nid hir eto y dioddefir ef oddi ar eich llaw.

Yn fy sir i, Sir Gaerfyrddin, y mae'r sefyllfa economaidd yn profi geudeb y siarad llac a llithrig am ffyniant ...

Wedi dweud bod yn y sir bopeth angenrheidiol i lwyddiant economaidd dywedodd fod poblogaeth y sir yn lleihau o flwyddyn i flwyddyn.

Beth mae'r Llywodraeth yn ei wneud ynglŷn â hyn?

Ar adeg pan fo Cymru mewn taer a dirfawr angen am ehangu, mae hi'n gorfod wynebu ar gyfyngiad a dadchwyddiad (deflation) ... bwriada'r Llywodraeth gael diweithdra trymach fyth ...

Pe baech chi'n barod i dderbyn yn wylaidd y gwir am eich lle presennol yn y byd, ni byddai sôn heddiw am argyfwng ... Argyfwng Seisnig yw hwn, ond fel arfer rhaid i Gymry dalu mwy na'u cyfran o'r pris.

Yr ydym yn debygol o weld diswyddo 40,000 o lowyr Cymreig ... 10,000 o weithwyr dur a heblaw hyn mae eich polisi amaethyddol yn un na all neb ei ddilyn ond y cyfoethog ... Y gwir plaen yw bydd angen arnom ni yng Nghymru tua 100,000 o swyddi newydd.

Yr hyn yr ydych chi yn ei wneud yng Nghymru yw creu anialwch, a'i alw yn ffyniant. Pe baech chi'n meddwl o ddifrif am Gymru, fe fyddech wedi cael yn barod, ddwy flynedd yn ôl, Gynllun Datblygu Cymreig rhywbeth tebyg i Awdurdod Dyffryn Tennessee ...

Fe allem ni'r Cymry lunio ein heconomi ein hunain pe baem ni'n rhydd i wneud hynny ... Pe bai'r rhyddid hwnnw gennym, gallem ddarostwng ein heconomi i amcanion cymdeithasol, ac yn arbennig er mwyn creu yn ein gwlad amodau cenedligrwydd llawn.

Y peth cyntaf a wnâi unrhyw lywodraeth – pe byddai'n cymryd Cymru o ddifrif – fyddai creu cyfundrefn drafnidiaeth effeithiol.

Ein teimlad ni yw na wna'r Llywodraeth fyth fuddsoddi arian ar y raddfa hon yn ein gwlad. Gwell ganddynt wario arian ar fomiau a chanolfannau milwrol... Beth felly a ddylent wneud? Dylent fynd allan o Gymru, a gadael Llywodraeth y wlad honno yn nwylo'r Cymry eu hunain.

Yr oedd llawer yn meddwl bod haul Cymru wedi machludo am

byth, ond nid wy'n tybio hynny bellach. Wrth edrych o amgylch y wlad lle'r wyf yn byw, mi welaf rhywbeth amgen na goleuni'r machlud. Mae'n debycach i *"deg oleuni blaen y wawr."*

Apeliaf am help yr unig lywodreath a feddwn i greu ar frys yr amodau a sicrha i bobl Cymru ddyfodol ardderchog fel cenedl.

Y Ddraig Goch, Medi 1966
Ceir yr araith hon yn Senedd Lloegr yn llawn yn Y Ddraig Goch, Rhifyn Rhagfyr 1966.

Miloedd o Gwestiynau

Dull effeithiol a ddatblygais yn y senedd i holi a chroesholi'r Llywodraeth oedd cwestiynau ysgrifenedig a llafar. Dyma'r tro cyntaf i neb, am wn i, ddefnyddio'r dull hwn mor llwyr. Gofynnais hyd at fil mewn blwyddyn, a chwynai'r Swyddfa Gymreig yn dost am y gost. Cyhoeddais innau ddetholiad o'r cwestiynau ynghyd ag atebion damniol y Llywodraeth mewn Papur Du. Rhoddwyd y teitl *The Black Paper of Wales* iddyn nhw.

Bywyd Cymro, 1982

Gwynfor yn Dal i Holi

20 Gorffennaf 1967
Holodd Mr Gwynfor Evans y Gweinidog Diogelwch Cymdeithasol pa sawl math gwahanol o ffurflenni swyddogol a ddefnyddid gan ei Hadran hi yng Nghymru a pha nifer o'r rhain a gyhoeddwyd yn Gymraeg neu yn ddwyieithog.

Mr Pentland: 2,340 yn yr achos cyntaf, ac 1 yn yr ail.
Y Ddraig Goch, Mawrth 1968

Mr Gwynfor Evans yn gofyn i'r Postfeistr Cyffredinol a wnaiff ef gyhoeddi trwyddedau teledu a radio dwyieithog a ffurflenni cais dwyieithog am drwyddedau ar gyfer eu defnyddio yng Nghymru.

Mr Edward Short: Na.

Mr Gwynfor Evans yn gofyn i'r Postfeistr Cyffredinol pa gynlluniau sydd ganddo i gyhoeddi stampiau dwyieithog, a Chymraeg a Saesneg arnynt ar gyfer eu gwerthu yng Nghymru.

Mr Edward Short: Dim.

Mr Gwynfor Evans yn gofyn i'r Ysgrifennydd Gwladol dros Faterion Tramor faint oedd cyfartaledd yr amser a roddwyd bob dydd gan wasanaeth radio tramor y BBC yn ystod 1965-6 i ddarlledu sain mewn Arabeg.

Mr Walter Padley: Deuddeg Awr

Deuddeg awr y dydd mewn Arabeg – Deuddeg awr yr wythnos yn y Gymraeg.

(Detholiadau allan o'r Black Paper of Wales.)

Hysbysebu Cymraeg

Mr Gwynfor Evans yn gofyn i Ysgrifennydd Cymru pa symiau wariwyd gan y Swyddfa Gymreig ar hysbysiadau Saesneg mewn papurau newydd yng Nghymru yn 1966.

Mr Cledwyn Hughes: Yn naw mis cyntaf 1966 fe wariwyd £3,098 ar hysbysiadau Saesneg mewn papurau newydd yng Nghymru.

Mr Gwynfor Evans yn gofyn i Ysgrifennydd Cymru pa symiau a wariwyd gan y Swyddfa Gymreig ar hysbysebion Cymraeg mewn papurau newydd yn 1966.

Mr Cledwyn Hughes: Yn naw mis cyntaf 1966 fe wariwyd £30 ar hysbysiadau Cymraeg mewn papurau newydd yng Nghymru.

Dŵr Cymru

Mr Gwynfor Evans yn gofyn i Ysgrifennydd Cymru beth oedd y cyfanswm o alwyni o ddŵr, wedi ei gronni yng nghronfeydd Cymru, a ddefnyddiwyd yn Lloegr yn 1966.

Mr Cledwyn Hughes: Yn 1966 fe gymerwyd tua 45,000 miliwn galwyn o ddŵr yn syth o gronfeydd Cymru i gyflenwad ar gyfer ei ddefnyddio yn Lloegr.

Mr Gwynfor Evans yn gofyn i Ysgrifennydd Cymru pa gyfartaledd o'r dŵr a gronnir yng Nghymru a ddefnyddir yng Nghymru.

Mr Cledwyn Hughes: Mae tua un rhan o dair o'r holl ddŵr a gronnir yng Nghymru at gyflenwi dŵr yn cael ei ddefnyddio yng Nghymru.

Mr Gwynfor Evans yn gofyn i Ysgrifennydd Cymru a wnaiff gyflwyno deddfwriaeth i sicrhau bod pobl Cymry yn derbyn ad-daliad am y ddwy ran o dair o'r dŵr wedi ei gronni yng Nghymru a ddefnyddir gan ardaloedd diwydiannol yn Lloegr.

Mrs Irene White: Mae'r cronfeydd yng Nghymru sy'n cyflenwi ardaloedd diwydiannol yn Lloegr yn dwyn lles i Gymru mewn amryw ffyrdd.

Moderneiddio Rheilffyrdd

Mr Gwynfor Evans yn gofyn i'r Gweinidog Trafnidiaeth pa gynlluniau sydd gan Fwrdd y Rheilffyrdd Prydeinig i drydaneiddio rheilffyrdd yng Nghymru.

Mr John Morris: Dim.

Ffyrdd

Mr Gwynfor Evans yn gofyn i Ysgrifennydd Cymru a wnaiff Llywodraeth Ei Mawrhydi adeiladu ffordd trwy Gymru a fyddai'n asgwrn cefn economaidd ac y gallai datblygiadau yn y dyfodol ganoli o'i chwmpas.

Mr Cledwyn Hughes: Bydd angen amryw o ffyrdd a fydd yn asgwrn cefn fel hyn ar gyfer datblygu yn y dyfodol yng Nghymru, ac y mae'r rhaglen ffyrdd yng Nghymru yn anelu at eu darparu.

Y Ddraig Goch, Mehefin 1968

Gwynfor yn Galw Am Gomisiwn Gwledig i Gymru

Mewn dadl bwysig yn y Senedd ym mis Ebrill, siaradodd Mr Gwynfor Evans yn gryf o blaid Comisiwn Cefn Gwlad i Gymru.

Dywedodd y Gweinidog mai'r rheswm dros wrthod i Gymru

Talar Wen, 1970

Y Garn Goch, 1972

Gyferbyn: Gyda Dan Tomos, ei dad-yng-nghyfraith,
ym mhrotest Trawsfynydd, 1951

Uchod: Derbyn allwedd rhyddid Washington, 1958

Skenfrith, Awst 1946. Ysgol Haf yr Heddychwyr

Swyddogion Plaid Cymru, Ysgol Haf Casnewydd, 1950.
Wynne Samuel, J Gwyn Griffiths, D J Williams, Dan Thomas,
J E Jones, Gwynfor Evans, O M Roberts

Ysgol Haf y Blaid, Casnewydd, 1950

1982

D J Williams yn agor swyddfa Plaid Cymru yng Nghaerfyrddin ar 1 Ionawr 1970, y diwrnod cyn ei farw yn Rhydcymerau

Mynydd Epynt, protest Cymdeithas y Cymod, 1992

Anrhydeddu Leopold Kohr yn Salzburg, 1980

Noson yng Nghaerfyrddin ar ddiwedd y 60au gyda'r artist John Petts yn ŵr gwadd

Noson deyrnged i Jennie Eirian yng Nghaerfyrddin ddechrau'r saithdegau

Cartŵn 'Emlyn' yn dangos Gwynfor a Gwynoro benben â'i
gilydd ar ôl etholiad mis Chwefror 1974

Gwynfor a Winnie Ewing ym Mhencarreg

Gyda Donald Stewart, AS, Llywydd yr SNP

the house magazine

FEB. 7-13

Number 16　　　　Vol. 2　1977

In this week's

- 10-Minute Rule Bills
- Private Members' Bills
- Recent Acquisitions in the Library
- Guy Fawkes

Gwynfor Evans – Carmarthen

More Welsh than a barrowload of leeks driven by Gareth Edwards, Gwynfor Evans is the first ever Plaid Cymru member and his ambition is simple – "to get away as quickly as possible". A quiet still man, he has led Plaid Cymru since 1945 and been on the executive since 1936. In his first year in the House he put down a thousand questions and used the government replies as a research service for his party programme. He was educated at Barry County school, University College of Wales, Aberystwyth, and at St John's, Oxford. He had just qualified as a solicitor when the war broke out but never practised for, as secretary of the Welsh pacifist group, Heddychwyr Cymru (Welsh Peacemakers), he was a conscientious objector and moved into horticulture where he has remained ever since. His tomatoes are celebrated in Wales.

There are seven children in his family, four boys and three girls, all involved in Plaid Cymru, daughter Meiner, having served several gaol sentences as a proponent of the Welsh language. Among the others are teachers, a theological student, a businessman, and TV researcher. He had six attempts to enter Parliament before winning Carmarthen in 1966, which he lost again in 1970. In February 1974 he again lost by three votes but won by 3,640 in October of that year. He is much honoured in Wales and at Westminster too.

GWAS Y WERIN – A Servant of the People

Diwrnod y briodas, 1 Mawrth 1941

Gwynfor a Rhiannon a'u hwyrion Iestyn, Ceri a Lleucu.
Gorffennaf 1975

Y teulu, 1962

Yn Ty'n Llidiart, Dolgellau, 1982

Bandit yr Andes a'i wraig!

Gwynfor a rhai o'r teulu yn dringo'r Garn Goch, 1972

Gomisiwn oedd bod rhan fawr o Gymru mewn parc cenedlaethol. "Ond o'r safbwynt Cymreig nid yw'r ddadl hon yn argyhoeddi dim: y ffaith bod cymaint o Gymru mewn parc cenedlaethol sy'n peri bod yn rhaid cael Comisiwn Cymreig.

Mae pobl Cymru wedi syrffedu ar y rheoli yma o Whitehall a'r berthynas is-radd a ddisgrifir gan Aelodau Seneddol a Gweinidogion fel 'cydweithio' neu 'bartneriaeth'. Mae'r bartneriaeth rhwng Cymru a Lloegr heddiw fel partneriaeth Jona a'r Morfil.

Yn y ddadl hon rydym yn ystyried gweinyddiad rhan fawr o dir a daear Cymru. Rwy'n cofio bod yn y frwydr dros Fynydd Epynt gan daflu 400 o Gymry Cymraeg o'u cartrefi a dwyn 30,000 erw o dir a fu'n eiddo i ffermwyr y fro ers cyn cof.

Yna, daeth achos Tryweryn ac yna yn Nyffryn Tywi lle roedd y Comisiwn Coedwigo'n bwriadu cymryd 40,000 erw i blannu coed.

Nid Comisiwn Cefn Gwlad yn unig yw ein hangen. Rhaid i ni ddarparu holl sefydliadau cenedligrwydd, a rhaid i'r rheini gynnwys yn gyntaf Lywodraeth ar gyfer ein pobl."

Gwynfor Evans – Carmarthen, Gwas y Werin – a Servant of the People

More Welsh than a barrowload of leeks driven by Gareth Edwards. Gwynfor Evans is the first ever Plaid Cymru MP member and his ambition is simple – 'to get away as quickly as possible'.

A quiet still man, he has led Plaid Cymru since 1945 and has been on the executive since 1936. In his first year in the House he put down a thousand questions and used the government replies as a research service for his party programme. He was educated at Barry County School, University College of Wales, Aberystwyth, and at St. John's, Oxford. He had just qualified as a solicitor when the war broke out but never practised for, as Secretary of the Welsh Pacifist Group, Heddychwyr Cymru (Welsh Peacemakers), he was a conscientious objector and moved into horticulture where he has remained ever since. His tomatoes are celebrated in Wales.

There are seven children in his family, four boys and three girls, all involved in Plaid Cymru, daughter Meinir having served several gaol sentences as a proponent of the Welsh language. Among others are teachers, a theological student, a businessman and TV researcher. He had six attempts to enter Parliament before winning Carmarthen in 1966, which he lost again in 1970. In February 1974 he again lost by three votes but won by 3,640 in October of that year. He is much honoured in Wales and at Westminster too.

The House Magazine Number 16, Vol. 2 1977 FEB. 7-13

LLYFRAU GWYNFOR

Aros Mae (1971)

Pam Aros Mae?

Er na allaf honni bod yn llenor fe sgrifennais gryn dipyn am fy mod
fel propogandydd yn credu yn nerth y gair ysgrifenedig yn ogystal â'r
gair byw. Yr oedd yr elfen o bropaganda yn amlwg yn y fenter fwyaf
uchelgeisiol, sef yr ymgais i roi braslun o rediad traddodiad Cymru
mewn un gyfrol. *Aros Mae* yw'r cais cyntaf i roi darlun o hanes Cymru
mewn un llyfr er pan gyhoeddwyd *Wales* gan O M Edwards yn 1901.
Ceisiaf edrych ar hanes y cyfnod modern yn ogystal â'r oesoedd
canol fel hanes cenedl a fedd ar fywyd sy'n llwyr wahanol i Loegr.
Atodiad i hanes Lloegr oedd y tipyn hanes Cymreig a gaem yn yr
ysgol, stori fach talaith ddarostyngedig, y collasai ei hanes, ei lliw a'i
goleuni dan gysgod trwm Lloegr. Gweld Cymru fel talaith yn Lloegr
a wnâi'r rhan fwyaf o'n haneswyr. Yn Llys y Brifysgol yn y pumdegau
gwrthwynebai'r Sais a oedd yn Athro Hanes Coleg Caerdydd fy nghais
i gael cadair hanes Cymru yn y coleg hwnnw ar y sail mai hanes lleol
yw hanes Cymru. Mynnwn i mai hanes y genedl hon a ddylai fod
yn sail dysgu pob hanes mewn ysgol a choleg. Dylid ymledu i hanes
Lloegr ac Ewrop a'r byd ar ôl gwreiddio'r disgybl a'r myfyrwyr yn hanes
ei gymdogaeth a'i genedl ei hun. Fel yna y mae hi mewn cenhedloedd
rhydd.

Mae'n rhaid rhoi hanes ei wlad ym meddiant y Cymro. Ei hanes
yw ei gof. Does gan anwariaid ddim hanes. Yn hanes ei genedl fe
gaiff wreiddiau a chaiff wybodaeth am y rhan o wareiddiad Ewrop
sy'n gyfrifoldeb personol iddo. Pan fedd ar ei hanes ni bydd yn amau

nad Cymro ydyw. Nid bod haniaethol mohono ac nid cymysgwch
Prydeinig nad yw'n siŵr pwy ydyw, pa un ai Sais neu Gymro neu
Brydeiniwr neu Gymro Prydeiniwr neu Brydeiniwr Cymreig. Dryswch
hunaniaeth aneglur y Cymro sy'n bennaf cyfrifol am aneffeithiolrwydd
y genedl ac am daeogrwydd cynifer o Gymry. Pe meddent ar hanes eu
gwlad byddent yn gryfach ac yn fwy urddasol a hyderus. Adlewyrchir
hyn yn eu bywyd gwleidyddol ac economaidd, canys y mae'r ddolen
yn gryf ac yn dynn rhwng diffyg hyder a diffyg statws gwleidyddol,
a rhwng diffyg statws a diffyg economi gref. Eithr ni cheir gwared
â gwaseidd-dra seicolegol y Cymry wrth gyflwyno eu hanes iddyn
nhw mewn categorïau Seisnig neu Brydeinig fel y gwna'r rhan fwyaf
o haneswyr y cyfnod modern. Trwy lygaid Seisnig neu Brydeinig yr
edrycha llawer ohonynt ar hanes Cymru, nid trwy lygad Cymreig.
Er bod ein hanes ni'n wahanol i hanes Lloegr bob cam o'r ffordd, fe'i
hysigir byth a hefyd gan lawer o'n haneswyr wrth ei orfodi i gatgorïau
haneswyr Seisnig.

Yn egni creadigol bywyd y werin y mae gogoniant hanes modern
Cymru. Y mae sawl hanesydd Cymraeg yn gadarn iach ei agwedd ond
mae angen meithrin to o haneswyr yn ogystal â gwleidyddion a wêl
ogoniant y werin fel y gwelodd J E Lloyd ogoniant ymdrech Cymry'r
canol oesoedd a'i gyflwyno yn ei hanes mawreddog ef.

Yn *Aros Mae* ceisiais weld patrwm yn y stori a'i gwnâi'n haws
ei chofio. Ysgrifennais y ddwy dudalen gyntaf o nodiadau ddydd
Nadolig 1970; yr oedd ar werth o fewn saith mis yn y siopau ac yn
yr Eisteddfod. Gwerthwyd y cyfan o bum mil yr argraffiad cyntaf yn
bur gyflym gan fod y Blaid yn cymryd rhan fawr ohonyn nhw, a'r elw
hefyd – ni dderbyniais ddimai– a chafwyd ail argraffiad buan. Ond o
bawb a helpodd, Rhiannon oedd yr arwres. Hi a deipiodd y cyfan o'm
hysgrifen wael i fel y teipiodd gynifer o'm llyfrau ac erthyglau eraill. Ni
dderbyniodd dâl am y gwaith mawr a wnaeth.

Wedi clywed bod galw mawr am gyfieithiad Saesneg o *Aros Mae*
daeth Elin Garlick ataf ar faes yr Eisteddfod i gynnig, gyda haelioni
ysbryd mawr, gwneud y gwaith fel llafur cariad. *Land of My Fathers*

oedd y canlyniad. Yn ôl llythyr a dderbyniais gan Wasg John Penry 'hwn yw'n gwerthwr gorau ni o bob llyfr a gyhoeddwyd gennym.'

Bywyd Cymro, 1982

Pytiau o'r gyfrol

Rhagair Syr Ben Bowen Thomas

Yma y mae'n rhannu â ni ei ddehongliad o hanes Cymru. Stori ydyw y gallech 'fod wedi ei cholli', a defnyddio ei eiriau ef. Os do, a gaf eich annog i wneud iawn am hyn. Caniatewch eich trwytho yn stori cenedlaethau o wŷr a gwragedd a baratôdd ffordd ichwi yn ein gwlad ni.

Rhagair yr Awdur

Prif amcan y llyfr yw tynnu sylw'r Cymry fod ganddynt hanes; fod iddynt orffennol cenedlaethol hir a chyffrous; fod arwriaeth ein cyn-dadau wedi dwyn ein traddodiad cenedlaethol trwy fwy nag un argyfwng dwys.

Bu anwybodaeth am hanes Cymru yn rhan bwysig o'r esboniad ar ddiffyg hyder cenedlaethol y Cymry ac ar ei diffyg ewyllys i fyw fel cenedl. Gall trafod y gorffennol Cymreig roi nerth yn y penderfyniad i sicrhau dyfodol cenedlaethol.

1925 Wynebu'r Prydeinwyr

Yn yr awr dywyll hon daeth cwmni bach o chwech ynghyd mewn stafell uwchben caffi ym Mhwllheli yn ystod wythnos yr Eisteddfod Genedlaethol. Sefydlasant blaid genedlaethol annibynnol. Ymddangosent yn fintai bathetig o fach i ymgymryd â gorchwyl mor fawr ac adeiladu am y tro cyntaf yn ei hanes blaid wleidyddol annibynnol i Gymru. Cannwyll fechan iawn a gyneuwyd ganddynt; ond gan ddued y tywyllwch rhoes gryn olau. Er na chafodd ond 609 i'w chefnogi pan gynigiodd yn 1929 mewn etholiad seneddol, ynddi hi y gorweddai gobaith Cymru.

Pennod olaf y llyfr

Ysgrifennaf y geiriau hyn ar 26 Ebrill 1971. Heno llenwir ffurflenni'r Cyfrifiad a fydd yn rhoi gwybod i'r llywodraeth pa nifer o Gymry a all siarad a darllen a sgrifennu Cymraeg; hynny yw, pa mor llwyddiannus y bu ei pholisïau yng Nghymru dros y canrifoedd diwethaf. Eithr y mae'r Sul hwn yn nodedig am reswm anhraethol bwysicach i Gymru na'r Cyfrifiad. Tra bwyf fi'n eistedd mewn cysur y mae dros hanner cant o Gymry ifanc mewn carcharau yng Nghymru a Lloegr – pump ar hugain ohonynt yn ferched – o achos eu hymlyniad wrth Gymru a'i hiaith. Cymerwyd y merched i garchar yn Lloegr, lle na chaniateir i'w rhieni, os ânt i'w gweld, siarad â hwy yn Gymraeg. Mintai ydynt o dorf ardderchog o ieuenctid y genedl a ddioddefodd garchar er ei mwyn yn ystod y blynyddoedd diwethaf hyn. Y mae ysbryd newydd ar gerdded drwy'r wlad. Pa bryd o'r blaen y gwelwyd to o Gymry'n fodlon dioddef dros eu gwlad? Rhaid edrych yn ôl i gyfnod Glyndŵr am gymhariaeth. Merched a dynion ydynt sy'n ymdeimlo mor angerddol â'i cyfrifoldeb cymdeithasol nes rhoi lles eu cymdeithas genedlaethol o flaen hunan-les; pobl sy'n rhoi llawnder bywyd i'w cenedl a'u cyd-ddynion yng Nghymru uwchlaw eu gyrfa bersonol: gwŷr a gwragedd sy'n gadael i achos mawr reoli eu bywyd.

Mae goreuon ieuenctid Cymru heddiw yn ymddwyn fel Cymry rhydd. Gwir mai lleiafrif bach ydynt, ond fel cyfartaledd o boblogaeth y wlad y maent yn llawer mwy niferus na gorymdeithwyr gwrol Gandhi. A hwy yw'r lleiafrif creadigol. Ganddynt hwy y mae'r achos, a'r argyhoeddiad a'r adnoddau mewnol. Hwy sy'n ymateb i alwad Cymru; a'r alwad heddiw ar ei phobl yw, nid i farw drosti – fel y bu'n felys i filoedd wneud yn eu hoesau arwrol – ond i fyw drosti. Hwy yw bugeiliaid newydd yr hen fynyddoedd hyn. O achos eu hymroddiad ardderchog hwy i'w galwedigaeth fel bugeiliaid Cymru fe fydd i'r genedl hon ddyfodol cenedlaethol…

Gallwn ninnau ddweud am Gymru, "Yr oeddem yma cyn Prydain Fawr." Y mae'r ysbryd sydd yn codi yn ein gwlad heddiw yn rhoi inni hyder i ddatgan, "Byddwn yma ar ei hôl hi hefyd," canys dyfod y mae'r dydd pan fydd Cymru a'r Alban, Iwerddon a Lloegr yn codi o lwch

Prydain Fawr ac yn cymdeithasu'n gytûn â'i gilydd mewn partneriaeth o genhedloedd rhydd a chydradd.

(Brawddegau olaf Aros Mae)
Aros Mae, Gwasg John Penry 1971

Ymateb i'r gyfrol

"Profiad diddorol eithriadol yw gweld hanes Cymru trwy lygaid Mr Gwynfor Evans – a phrofiad gwefreiddiol hefyd. Mae'n cwmpasu hanes y genedl o'i dechreuad hyd heddiw ac y mae hynny ynddo'i hun yn rhoi safle arbennig i'r llyfr... A chan brinned llyfrau o'r fath ar ein hanes cenedlaethol bydd croeso cynnes i gais disglair Mr Gwynfor Evans i'n perswadio i gymryd golwg gyfan ar ein stori. Mae ôl darllen mawr a myfyrio hir ar y gyfrol hon ac mae'n syndod i ŵr cyn brysured ag ef gael amser i'w hysgrifennu.

Heb os mae'r gyfrol yn drysor. Mae ei darllen yn foddion i adnewyddu ein balchder yn ein tras. Mae'n foddion diymwad hefyd i ysgogi gweithgarwch mwy penderfynol i ddiogelu a chyfoethogi ein treftadaeth."

R Tudur Jones

Cymwynas fawr arall gan Gwynfor

"Bydd darllen *Aros Mae* … yn agoriad llygaid i laweroedd, ac fe ddylai gael lle ym mhob cartref lle y darllenir Cymraeg, ac ym mhob llyfrgell ysgol a choleg. At hynny, dylid cael argraffiad Saesneg o'r gyfrol cyn gynted ag y bo modd. Dyma gymwynas fawr arall gan Gwynfor Evans."

E D Jones (Cyn-Lyfrgellydd Cenedlaethol Cymru)

"Yr oedd cynhyrchu llyfr mor sgilgar-drefnus a'i ysgrifennu mor dda mewn un gyfrol o hanes Cymru ynddo'i hun yn gamp i genfigennu wrthi. Y mae'n waith o ymgysegriad ac yn loyw gan argyhoeddiad llachar."

Yr Athro Glanmor Williams

SEIRI CENEDL Y CYMRY (1986)

Macsen Wledig 335–388

Gadawodd y gwareiddiad Rhufeinig ei ôl yn drwm ar fywyd Cymru, ar ei meddwl a'i gwerthoedd, ei chyfraith a'i chrefydd, ei hiaith a'i llên a'i diwylliant. Ynghyd â'r rhwydwaith o fil o filltiroedd o ffyrdd, paratôdd y drefn Rufeinig y ffordd ar gyfer ymffurfio trigolion Cymru yn gymuned genedlaethol.

Dyma'r drefn a gymhwysodd Macsen at y sefyllfa Gymreig cyn ei ymadawiad yn 383. Yr oedd Cymru bellach yn gwbl annibynnol ar y drefn ymerodrol Rufeinig. Noda'r flwyddyn 383, gan hynny, ddechrau trefn ymreolus Gymreig a fyddai'n dod i ben yn derfynol naw can mlynedd yn ddiweddarach gyda dienyddiad y Tywysog Dafydd yn 1283.

Yn ystod y ddwy ganrif ar ôl ei ymadawiad tyfodd oddi mewn i'r drefn a sefydlodd Macsen yng Nghymru genedl a oedd yn unigryw fel unig etifedd gwareiddiad Rhufain yn yr ynysoedd hyn. Y mae i Macsen Wledig a'r flwyddyn 383, gan hynny, le allweddol yn hanes y genedl Gymreig.

Ceisio codi gwrthglawdd i ddiogelu ymerodraeth yn y cornelyn hwn o'r ddaear a wnâi Macsen Wledig heb feddwl ei fod yn gosod seiliau gwleidyddol bywyd cenedl. Diflannodd yr ymerodraeth ers mil a hanner o flynyddoedd; mae'r genedl yma o hyd, yn fregus iawn mae'n wir, ond yn fawr ei phosibiliadau er ei diymadferthwch gwleidyddol.

Owain Glyndŵr 1354–1416

Cododd Glyndŵr, arweinydd mwyaf carismatig ein hanes, faner rhyddid Cymru ar drothwy'r cyfnod modern pan oedd rhagolygon y genedl yn dywyll. Fel comed mewn ffurfafen ddu yr ymddangosodd y gŵr a ysbrydolodd ei bobl i ymladd unwaith yn rhagor dros eu gwlad.

Os oedd yn feistr ar yr iaith Saesneg, fel y tystia Shakespeare, Cymraeg oedd ei iaith gyntaf. Cafodd fagwraeth Gymraeg a'i drwytho yn niwylliant Cymru. Er ei fod yn un o arglwyddi'r Mers, yn byw ar y goror Seisnig, Cymraeg oedd iaith ei gartref.

Ond yr oedd gan Owain weledigaeth a'i gorfododd i adael y cartref gwâr a syber hwn a mentro popeth er mwyn Cymru. Ei uchelgais oedd bwrw iau'r Sais oddi ar ei gwar.

Brwydrodd ef a'r Cymry nid am ddyddiau, nac wythnosau, nac am fisoedd ond am ddeng mlynedd o amser. Ni ddaeth y rhyfela i ben yn derfynol am bymtheg mlynedd. Rhyfeddol o ymdrech yn wir.

Canrif Glyndŵr yw'r bymthegfed ganrif. Mae parhad gwyrthiol bron y genedl trwy'r chwe chanrif anhydrin oddi ar hynny i'w briodoli i gyfres ryfeddol o ddigwyddiadau. Ymdrech ddisglair Glyndŵr i sefydlu gwladwriaeth annibynnol Gymreig yw'r cyntaf ohonynt.

Cyhoeddwyd Owain yn Dywysog Cymru am fod Cymry o Fôn i Fynwy yn ei weld fel y Mab Darogan, y gwaredwr a achubai ei wlad. A dyna sut y gwelai Glyndŵr ei hunan.

A'i feistrolaeth ar Gymru bellach yn gyflawn galwodd Glyndŵr bedwar o bob cwmwd i senedd ym Machynlleth. Seneddau Glyndŵr yw'r rhai olaf a gynhaliwyd yng Nghymru. Yn senedd Machynlleth ym mhresenoldeb cynrychiolwyr o Ffrainc, Sbaen a'r Alban, ac o dan fendith Pab Avignon, coronwyd Owain Glyndŵr yn Dywysog Cymru trwy ras Duw. Bellach yr oedd gan Gymru ei gwladwriaeth annibynnol ei hun. Yr oedd Cymru'n rhydd, a Chymraeg oedd ei hiaith.

Yr hyn sy'n sicr yw bod ei ysbryd yn fyw. Saif o hyd rhwng y Cymry a'r demtasiwn i fod yn Saeson neu'n Brydeinwyr Cymreig.

William Morgan 1541–1604

Cyfieithu'r Beibl i'r Gymraeg a achubodd iaith a llenyddiaeth fyw hynaf gorllewin Ewrop. Am fil o flynyddoedd hyd at ddydd William Morgan bu llenyddiaeth Cymru'n un o'r llenyddiaethau Ewropeaidd mwyaf. Achub yr iaith a achubodd y genedl, hithau bellach yn rhan anwahanadwy o Loegr heb gysgod rhyddid cenedlaethol. Ei hiaith, ei Christnogaeth a'i chyfraith a luniodd y genedl Gymreig. Oni bai am y Gymraeg ni fyddai cenedl yn bod yma heddiw; hebddi ni fyddai yma fwy na chasgliad o siroedd Seisnig. Y gŵr a fu'n gyfrifol am orchest y cyfieithiad tyngedfennol oedd William Morgan.

Roedd yn ddigwyddiad rhagluniaethol. Hanner canrif ynghynt roedd Llywodraeth Loegr wedi ceisio dileu'r iaith Gymraeg trwy Ddeddf Ymgorffori 1536. Datganwyd yr amcan yn y cymal 'utterly to extirpe alle and singular the sinister customes' a wahaniaethai Cymru oddi wrth Loegr.

Ar yr adeg dyngedfennol hon yr ymddangosodd y Beibl Cymraeg, gan adnewyddu urddas yr iaith ac anadlu bywyd newydd iddi. Pan ddysgwyd ei ddarllen yn ysgolion Gruffydd Jones daeth iaith y beirdd yn iaith y werin, a thrwyddi chwythai gwynt yr Ysbryd a adnewyddai'r genedl yn y Deffroad Mawr.

Saunders Lewis 1893–1985

Ond fel cenedlaetholwr o wleidydd y gwnaeth yr artist a'r ysgolhaig hwn fwyaf i newid hanes Cymru, ac o ddechrau ei yrfa gyhoeddus mynnodd mai yn y maes politicaidd y sicrheir dyfodol Cymru a'i gwareiddiad, ac mai mater politicaidd yw diogelu'r iaith: politicaidd fu ymosodiad Llywodraeth Lloegr arni o'r Ddeddf Ymgorffori ymlaen.

Ei lithiau misol i'r *Ddraig Goch* a'r pum cant a thrigain o erthyglau wythnosol i'r *Faner* yn ystod blynyddoedd y rhyfel ac wedyn yw'r newyddiaduriaeth ddisgleiriaf a welodd Cymru. Tâl darllen yr erthyglau hyn hyd heddiw.

Dysgodd Saunders Lewis mai gwarchod y cornelyn hwn o etifeddiaeth ysblennydd Ewrop yw ein braint, ac mai Ewropeaidd yw'r dreftadaeth Gymreig y mae'n rhaid inni roi blaenoriaeth i'w hamddiffyn.

Erbyn dechrau'r ganrif roedd cenedlaetholdeb radicalaidd Cymreig a gafodd fynegiant gobeithiol ond byrhoedlog yng Nghymru Fydd wedi chwythu ei blwc, byth i'w adfer mwy. Cariodd Prydeindod a'i imperialaeth Brydeinllyd y dydd mewn Rhyddfrydiaeth Gymreig, ac wedyn yn y Blaid Lafur a'i disodlodd: sychodd ffrwd cenedlaetholdeb Llafur cyfnod Keir Hardie.

Dyna'r sefyllfa pan gamodd Saunders Lewis a'r Blaid Genedlaethol fechan i'r llwyfan gwleidyddol. Efe oedd arweinydd naturiol y cwmni bach o wladgarwyr a wrthodai dderbyn caethiwed gwleidyddol Cymru.

Saunders Lewis fu'r llywydd rhwng 1926 a 1939 ac am y rhan fwyaf o'r amser hwnnw bu'n olygydd *Y Ddraig Goch*. Dygai i'r gwaith fanteision mawr: grym ymenyddol cwbl eithriadol; cadernid cymeriad, ymroddiad llwyr a dygnwch diollwng; dawn siarad cyhoeddus a dawn arbennig fel pwyllgorwr a chadeirydd.

Iddo ef, grym ysbrydol oedd cenedlaetholdeb a helpai bobl i orchfygu eu hanawsterau materol. Credai y rhoddai ymdrech gref dros ryddid cenedlaethol urddas a mawredd i'r Cymry.

Gwelai, gydag angerdd, mai'r ffactor sy'n penderfynu parhad y gymuned genedlaethol yw'r iaith. Hyn oedd neges ei ddarlith radio ar *Dynged yr Iaith*, a oedd yn seiliedig ar ei gred bod y Gymraeg yn bwysicach na hunanlywodraeth am na fyddai cenedl yn bod hebddi.

Parhaodd ei ddawn greadigol i flodeuo mewn toreth o lyfrau ac ysgrifau am ddeugain mlynedd a mwy ar ôl ei garchariad yn Wormood Scrubs, a pharhaodd i ysbrydoli cenhedlaeth ar ôl cenhedlaeth â balchder yn eu cenedligrwydd ac â'r ewyllys i fyw er mwyn Cymru. Pe buasai wedi ei eni'n Wyddel buasai'n arweinydd cenedlaethol o faintioli Parnell gyda chenedl wrth ei gefn. Ond ei dynged oedd ei eni'n Gymro, yn perthyn i bobl heb eu cyffwrdd yn ddwfn gan ysbryd cenedl a heb deyrngarwch diymod i'w gwlad.

Ym mywyd Saunders Lewis gwelwn barhad rhyfeddol traddodiad Taliesin ac Aneurin, Dewi Sant ac Illtyd, Llywelyn ap Gruffydd ac Owain Glyndŵr, Pantycelyn ac Ann Griffiths.

Gwnaeth ymdrech orchestol i draddodi i'n plant ac i blant ein plant y winllan wen a roed i'n gofal. Ni welodd Cymru neb mwy nag ef.

Seiri Cenedl y Cymry, 1986

RHAGOM I RYDDID (1964)

Rhagair

Ymgais yw'r llyfr hwn i gyflwyno safbwynt y cenedlaetholwr Cymreig. Fe'i sgrifennais yn bennaf gogyfer â'r genhedlaeth ifanc, a ddisgrifiwyd fel y genhedlaeth orau a welsom yng Nghymru. Y mae gwaith enfawr yn ei haros, dim llai na sicrhau amodau cenedligrwydd cyflawn, ac yn bennaf yn eu plith wladwriaeth Gymreig.

Atodiad

Mewn unrhyw lyfr am wleidyddiaeth Gymreig yr ydys yn rhwym o sôn llawer am Loegr, am y Saeson a phethau Seisnig; nid o achos unrhyw obsesiwn â'n cymdogion, ond am fod pwysau dylanwad Lloegr ar Gymru mor llethol, er drwg er da, ers mil a mwy o flynyddoedd. Penrhyn wrth ochr Lloegr yw Cymru: nid oes unrhyw wlad arall heblaw Lloegr yn ffinio â hi; pump y cant o boblogaeth Ynys Prydain sy'n byw yng Nghymru, ac y mae poblogaeth Lloegr ei hun tuag unwaith-ar-bymtheg gymaint â'i phoblogaeth hi.

Ymgorfforwyd Cymru yn Lloegr yn 1536, ac oddi ar hynny teimlwyd, trwy bob rhan o'n gwlad, rym y gyfraith Seisnig. Sylwer mai cyfraith Seisnig oedd hi. Ni ellir sôn am gyfraith Brydeinig hyd heddiw, canys y mae gan Scotland ei chyfraith ei hun.

Hanes Lloegr, er enghraifft, y gelwir hanes "Prydain" gan ei phrif haneswyr. "The English Parliament" yw ei Senedd; cyferfydd yn Llundain, "The Capital of England," a Saesneg yw'r unig iaith y caniateir ei defnyddio yno; "The Queen of England" yw'r Frenhines sy'n ben ar y Cyfansoddiad…

Pan ofynnir beth yw cynnwys Prydeindod mewn unrhyw faes, fe welir, fel y dangosodd yr Athro J R Jones, nad oes iddo ddim cynnwys heblaw Seisnigrwydd. Seisnig yw hanfod natur, polisi ac aelodaeth yr Hen Bleidiau. Cywir, gan hynny, eu galw yn Bleidiau Seisnig.

Cyfrol y Llywydd yn cael croeso mawr

Barn amryw arni:

Fflam Dân o Lyfr – Lewis Valentine

Y mae cyhoeddi *Rhagom i Ryddid* yn garreg filltir yn hanes Plaid Cymru, yn drobwynt yn y frwydr am Senedd i'n cenedl. Trwm iawn yw'n dyled i Gwynfor Evans am ei wasanaeth gwlatgar godidog, a'r fflam dân hon o gyfrol yw ei gymwynas fwyaf eto i bobl Cymru. Y mae yma ddeall, y mae yma dehongli; y mae yma ddicter sanctaidd, ac y mae yma y peth prin hwnnw ymhlith gwleidyddion Cymru – didwylledd. Dyma arfogaeth lawn i bob cenedlaetholwr ar gyfer etholiad yr hydref a'n braint a'n hanrhydedd fydd taenu o lwyfannau'r wlad neges y penodau eirias hyn.

Cyfrol Gyfoethog – Wynne Samuel

Y mae'r gyfrol *Rhagom i Ryddid* yn ddogfen hanesyddol o bwys ym mywyd Cymru… Gyda datgan egwyddorion a bwrw goleuni llachar ar ddigwyddiadau, credaf fod y gyfrol arbennig hon yn rhan o destament bywyd ein Llywydd. Cysegrodd ei fywyd i wasanaethu Cymru. Yn nhermau bywyd Cymru y mae deall termau bywyd Gwynfor Evans. Am genhedlaeth bron bu arweiniad Plaid Cymru yn ei ddwylo glân. Ni fu'r dasg yn hawdd. Yn aml, bu'n ddigalon. Ond ni fu pall ar ei egni, ei ddyfalbarhad, a'i gyfraniad i'r Blaid ac i Gymru.

Profodd ymroad ein Llywydd nad gwaith bychan yw rhyddhau cenedl. Y mae'r amcan mor fawr, mor ysgubol, mor chwyldroadol, fel nad ymaflodd eto yn nychymyg Cymru gyfan.

Llyfr Exodus y Cymry – DJ Williams

A'r argraff a adawyd arnaf yw fod yn y mwnglawdd o wybodaeth ffeithiol a geir yma, ynghyd ag angerdd enaid y gwleidydd a'r gwladgarwr mawr, ddigon o nerth ysbrydol i godi'r genedl fwyaf llwfr a mwyaf dibris o'i gwir werth ei hun yn y byd, unwaith eto ar ei thraed i gerdded rhagddi i'w rhyddid cyflawn gyda'r un urddas a balchder teilwng a gerddodd bron holl genhedloedd y ddaear erbyn hyn i'w rhyddid. Dyma Lyfr Exodus y Cymry, a Moses arall yn arwain hen genedl arall – drwy'r anialwch, i olwg ei chyfiawn etifeddiaeth hithau.

Cyfrol i'w Meddu – Cassie Davies

Fe ddylai darllen "Gwersi Tryweryn" argyhoeddi pobl na all holl Aelodau Seneddol Cymru, hyd yn oed pan fônt yn gytûn, wneud dim i achub cam cenedl, mewn Senedd o 630 sy'n dihidio am ei thynged.

Ac fe ddylai'r bennod ar Gymru Gymraeg beri i lawer sylweddoli na ellir achub iaith cenedl fechan trwy gyfryngau gwirfoddol yn unig. Rhaid wrth hawl i drefnu bywyd a fydd yn sicrhau amodau tyfiant i iaith, ac addysg a rydd yr ewyllys mewn pobl i'w hadfer.

Llyfr y Llywydd – Islwyn Ffowc Elis

Dewi Sant, Hywel Dda, Llywelyn Fawr, William Morgan, Gruffydd Jones, O M Edwards. Er cymaint y gwahaniaethau rhyngddyn nhw, mae un peth yn gyffredin i'r chwech: gweledigaeth o Gymru well a'r ymgysegriad i'w chreu hi. Yn eu llinach nhw y mae Gwynfor Evans.

Ers yn agos i ugain mlynedd fe fu ef yn Llywydd Plaid Cymru. Yn ystod ei lywyddiaeth fe wnaeth fwy, greda i, nag a wnaeth llywydd unrhyw blaid wleidyddol arall. Fe'i gwnaeth yn ddistawach, yn gallach, yn fwy dirodres, yn fwy dygn. Does neb a ŵyr faint a gostiodd y gwaith iddo, mewn amser ac egni ac arian.

Yn awr, wedi teithio miloedd o filltiroedd a thraddodi cannoedd o anerchiadau, y mae wedi crynhoi'i weledigaeth a'i brofiad mewn llyfr.

Mae unrhyw genedlaetholwr Cymreig heb gopi o'r llyfr hwn fel pregethwr heb Feibil. *Rhagom i Ryddid* bellach yw ein gwerslyfr gwleidyddol, ein harfogaeth a'n hysbrydoliaeth yn nydd blin ein cenedl. Dyma lyfr i aildanio'n ffydd yn ein Llywydd ac yn ein Plaid, ac, yn bennaf oll, yn ein Gwlad.

Y Ddraig Goch, Mai 1964

DIWEDD PRYDEINDOD (1981)

Siaced lwch y llyfr

A yw'n bosibl bod yn Gymro ac yn Brydeiniwr? Ai "is-genedl" yw Cymru i'r "genedl" Brydeinig? A oes gwahaniaeth rhwng "cenedl" Prydain a "chenedl" Lloegr? Neu ai gwladwriaeth yn unig yw Prydain yn galw'i hunan yn genedl er mwyn *Seisnigo*'r Cymry allan o fod?

Eithriad sicr yw Gwynfor Evans ei hunan. Wedi oes o wasanaeth i Gymru, y mae, yn y llyfr hwn – y mwyaf deifiol a sgrifennodd erioed – yn mynd at wraidd "Prydeindod." Dengys yn glir effeithiau economaidd, milwrol, diwylliannol a seicolegol polisi gwladwriaeth Prydain yn y ddwy ganrif ddiwethaf. Dengys fod cyflwr trychinebus Cymru heddiw, gan gynnwys y bygythiad niwclear, yn deillio o'r cysylltiad â Lloegr ac nad oes unrhyw obaith na dyfodol inni heb dorri'r cysylltiad hwnnw.

Mae darllen y llyfr hwn yn brofiad ysgytwol. Gobaith yr awdur yw y bydd ei ddarllen a'i drafod yn ein deffro o'r newydd i benderfyniad di-ildio i weithio dros ein gwir a'n hunig genedl – Cymru.

Rhagair

Dadl ganolog y tract hwn yw mai'r Cymry eu hunain sy'n gyfrifol am chwalfa eu bywyd cenedlaethol yn economaidd, yn ddiwylliadol ac yn gymdeithasol. Y Cymry a ewyllysiodd, ac sy'n parhau i ewyllysio, y drefn a ddinistria eu cenedl. Y Llywodraeth Brydeinig a weithredodd mewn modd dinistriol, neu a fethodd â gweithredu mewn modd adeiladol; hi yw achos uniongyrchol cyflwr truenus ein gwlad. Ond y Cymry a dderbyniodd yn llywaeth yr holl gamlywodraethu gan dair plaid Brydeinig; a'r Cymry a ddewisodd o'u gwirfodd lywodraeth Brydeinig yn hytrach na hunanlywodraeth. Ni allant feio neb ond hwy eu hunain am eu sefyllfa adfydus.

Y prif esboniad am fodlonrwydd gwasaidd y Cymry yw eu Prydeindod. Hwnnw a'u gwnaeth mor ddiymadferth. Eu Prydeindod a'u dirymodd. Amod bywyd gwell i'n cenedl, yn wir, amod parhau bywyd cenedlaethol yn y ganrif nesaf, ydyw ymwrthod â Phrydeindod a chydsefyll yn wleidyddol yn y dyddiau dreng hyn fel Cymry, dros Gymru.

Dyfyniadau allan o Bennod 10

...Diflannodd yr Ymerodraeth Brydeinig yn llwyr ac eithrio ychydig o ynysoedd. Disgynnodd Prydain i safle gwas bach i'r Unol Daleithiau er cymaint ei hymdrech i ymrithio gerbron y byd fel gallu mawr...

Ofna Neil Kinnock a'i gyd-'unionists' weld Cymru ar y llethr llithrig a'i dygai i ryddid cenedlaethol. Yr hyn sy'n siŵr yw bod gwlad

y cenedlaetholwyr Prydeinig hyn ar y llithrigfa ei hun. Ar y goriwaered
y mae Prydain, Prydeindod a'r ysbryd Prydeinig…

Heddiw nid yw ymostyngiad y Cymry i'w meistri yn Llundain ac
i'r pleidiau Prydeinig mor anfeidrol ag y bu. Palla eu hen gyfaredd.
Dewisodd ugeiniau o filoedd, gweddill go sylweddol, drosglwyddo eu
teyrngarwch oddi wrth y wladwriaeth Brydeinig i'r genedl Gymreig.
O ganlyniad mae golwg fwy archolladwy ar y meistri Llundeinig.
Fel y cynydda amheuon ynghylch Prydeindod y mae sicrwydd gafael
cenedlaetholwyr Cymreig ar eu gwerthoedd a'u cenhadaeth hefyd yn
cynyddu. Fe'u cynhelir gan y wybodaeth fod eu cenedlaetholdeb hwy
a'i bolisïau yn llawer mwy perthnasol i'r oes ddyrys a pheryglus hon nag
yw Prydeindod hen ffasiwn gyda'i mawrdra a'i militariaeth…

Gorwedd y gobaith yn y ffaith bod Prydeindod yn dechrau gwegian
a gwanhau. Rhydd hyn gyfle i ennill y to ifanc i'r achos cenedlaethol.
Nhw a ymetyb i'r apêl i lafurio yn anhunanol dros eu gwlad. Eisoes
y mae miloedd yn gweithio drosti, yn wleidyddol trwy Blaid Cymru,
mewn ffyrdd arall trwy Gymdeithas yr Iaith, y mudiad Ysgolion
Cymraeg, gan gynnwys bron 400 ysgol feithrin wirfoddol, y 40 papur
bro, Urdd Gobaith Cymru, a thrwy lenyddiaeth, ffilmiau, hanes
Cymreig, dosbarthiadau Cymraeg, siopau llyfrau Cymraeg, y wasg
Gymraeg, Merched y Wawr, a llu o ddulliau eraill. Lle y bu Prydeindod
yn lladd, bu cenedlaetholdeb yn deffro egni newydd. Tranc Cymru yw
canlyniad y naill; cwyd bywyd a gobaith o'r llall.

Heddiw y mae safle'r Gymraeg yn llawer cryfach nag unrhyw iaith
Geltaidd arall…

Tuag at Gymru yr edrycha'r Celtiaid eraill am ysbrydoliaeth i
gyflawni'r gwaith arwrol a all beri gwyrth…

Yr unig allu Cymreig a berchir yn Llundain yw cenedlaetholdeb.
Ofna hwn, y grym a ddymchwelodd yr Ymerodraeth Brydeinig…

Yn y frwydr sydd ohoni rhwng Prydeindod a Chymreictod dros
feddwl a chalon y Cymro, nid oes gennym offeryn grymusach ymhlith
yr holl Gymry, beth bynnag fo'u hiaith, na'n hanes cenedlaethol…

Y mae ein brwydr yn un enbyd o galed; bydd angen holl egni
a gweledigaeth y genhedlaeth ifanc i'w hennill. Ymladdwn dros yr

achosion mwyaf; dros heddwch, a thros safle cydwladol a'n galluoga
i weithredu yn effeithiol o'i blaid; dros ddiwylliant ac iaith sy'n cael
ei malu; dros gyfiawnder i'r tlawd, y diamddiffyn a'r difreintiedig, i'r
di-waith a'r diobaith a'r rhai dan draed; dros gydraddoldeb rhwng
cenhedloedd a phobl; ac ymladdwn yn erbyn y wladwriaeth ormesol,
yn erbyn militariaeth ac imperialaeth a'r gyfalafiaeth sy'n ecsploitio…

Amod y fath ddadeni yng Nghymru yw ei dad-Brydeineiddio hi fel
y saif gyda balchder yn genedl urddasol.

Diwedd Prydeindod, Y Lolfa, 1981

PE BAI CYMRU'N RHYDD (1989)

Siaced lwch y llyfr

Pe bai Cymru wedi ennill ei rhyddid yn y ganrif ddiwethaf, buasai
heddiw, fel Ffindir, Norwy a Denmarc, yn un o wledydd bach blaengar
y byd. Pe bai Cymru'n ennill ei rhyddid yn y ganrif hon, gallai eto,
gydag Estonia a Latfia, fyw a ffynnu.

Yn y llyfr hwn, mae'r person a fuasai'n Brif Weinidog i Gymru
Rydd yn profi, trwy esiampl naw gwlad fach arall, bod popeth yn
bosibl i wlad ag ewyllys i fyw. Er bod gan Estonia, er enghraifft, waeth
mewnlifiad na Chymru, mae hi eisoes wedi herio mawredd Rwsia.

Mae'r llyfr hwn yn llawn ffeithiau dadllennol, ysgytwol i'n synnu
a'n hysbrydoli. Darllenwn, ystyriwn, a gweithredwn i sicrhau y bydd
Cymru'n rhydd.

Rhagair

Anffawd Cymru yw ei safle daearyddol…

Dyna drychineb y genedl Gymreig. Yng nghanol y ganrif ddiwethaf
pan oedd y cenhedloedd bach yn deffro ar hyd a lled Ewrop, yn
adfer eu hieithoedd gyda balchder ac yn cyrchu'n benderfynol at
ryddid cenedlaethol, meddiannwyd deallusion cenedl y Cymry gan
benderfyniad gwyrdroedig i daflu eu heniaith a'u cenedligrwydd
heibio ac ymsuddo yn y bywyd ymerodrol Seisnig. Gwenwynodd hyn

waed y genedl, ni fwynhaodd nerth ac iechyd wedyn fel y gwelsom yn refferendwm 1979. Adroddir yr hanes yn Gŵyl Gwalia Hywel Teifi Edwards, llyfr sy'n hanfodol i'r sawl sydd am ddeall yr hyn a ddigwyddodd i'r genedl...

Gwelir ei effaith ymhlith ein hieuenctid, hyd yn oed ymhlith disgyblion yr ysgolion cyfun dwyieithog rhagorol sydd yn fynych nid yn unig yn anfodlon brwydro dros Gymru ond yn dewis mynd i brifysgolion eilradd Lloegr yn hytrach na dilyn eu cyrsiau trwy gyfrwng y Gymraeg yn Aberystwyth neu Fangor...

Y mae Cymru'n dibynnu ar Loegr, meddant ag un llais. Ac o'i ailadrodd filiwn o weithiau fe gredodd y Cymry fod hyn yn wirionedd tragwyddol a dyfnhawyd y diffyg hyder taeogaidd a'i parlysai. Y taeogrwydd hwn sy'n rhwystro'n pobl rhag brwydro dros eu gwlad. Fel y dywedodd Alun Rees am Taffy

He's fought the whole world over,

he's given blood and bone.

He's fought for every bloody cause

except his bloody own.

Gobaith Cymru yw gweld disodli Ewrop y Gwladwriaethau gan Ewrop y Cenhedloedd, pa un â'i chalon ei hun yn curo'n gryf. Gweithiwn dros hynny. Fel cenedl Ewropeaidd, nid cenedl Brydeinig, y gorwedd dyfodol i Gymru.

Pe Bai Cymru'n Rhydd, Y Lolfa, 1989

YR ARGLWYDD RHYS: TYWYSOG DEHEUBARTH

O bob blwyddyn, adfywiad 1136 yw'r rhyfeddaf yn hanes y Cymry. Y mae'n amlwg fod eu meddwl wedi bod yn aeddfedu yn ystod yr hanner can mlynedd o ymdrech yn erbyn Norman, Sais a Fflemistiad, a'u bod yn fwy ymwybodol o natur eu hanwahanrwydd. Ymladdent yn awr fel rhai yn gweld bod ganddyn nhw eu gwerthoedd a'u ffordd eu hunain o fyw. Pan oedd y cyfan o'r deheudir a'r rhan fwyaf o'r gogledd dan draed yr estron, anadlodd gwynt y bywyd ar farwor yr ysbryd Cymreig a'i chwythu'n fflam...

Eithr eisoes yn 1146, pan oedd Maredydd yn un ar bymtheg oed a Rhys yn bedair ar ddeg, caed y ddau ar flaen byddinoedd Deheubarth. Oedran bachgen pedwerydd dosbarth oedd Rhys pan ddechreuodd ar ei yrfa filwrol...

Yn 1155 bu farw Maredydd. Er nad oedd ond pump ar hugain oed gwnaeth enw iddo'i hun eisoes am ei ddewrder a'i ddoethineb, ei gyfiawnder a'i fawrfrydigrwydd. Dwg hyn ar gof luosowgrwydd y gwŷr galluog a fu'n dywysogion Cymreig ar hyd y canrifoedd. Ni raid iddynt ofni cymhariaeth â thywysogion Lloegr.

Syrthiodd yr arweinyddiaeth yn awr yn gyfan gwbl ar ysgwyddau Rhys Mwynfawr ap Gruffudd, mab Gwenllian, ŵyr y brenhinoedd Rhys ap Tewdwr a Gruffydd ap Cynan, a disgynnydd uniongyrchol o Hywel Dda a Rhodri Mawr...

Fel yr Arglwydd Rhys yr adwaenir yr hwn a deyrnasai dros ddeheubarth yn dair ar hugain oed. Am genhedlaeth wedi marw Owain Gwynedd ym 1170 ef oedd prif dywysog Cymru, yn 'anorchyfedig ben holl Gymru' fel y dywed y Brut. Ond yn y dyfodol y byddai hyn...

Dinefwr oedd prif gaer Rhys... Buasai caer yn Ninefwr ers canrifoedd ... Dinefwr oedd prif sedd Deheubarth ... Am ganrif a hanner o flynyddoedd hwn oedd canolbwynt nerth Deheubarth, y castell pwysicaf yn ein hanes...

Er malurio o'i barwydydd saif castell Dinefwr o hyd, nid yn arwydd o orchfygiad fel cestyll Edwardaidd Gwynedd ond fel symbol o ysbryd herfeiddiol y Cymry...

Er bod holl rym Lloegr â'i hymerodraeth y tu cefn iddo, methu â gorchfygu'r Cymry a wnaeth Henri II...

Ni allai dim dynnu oddi wrth faint y fuddugoliaeth Gymreig. Ond ni orffwysodd Rhys.

Aeth draw ar ei union i Geredigion ac ymosod ar ei chastell cryfaf. Y tro hwn gorchfygodd Aberteifi. Adeiladodd y castell a'i wneud yn gymar i Ddinefwr fel un o'i ddau brif lys. Yno y noddodd eisteddfod enwog 1176 a gyhoeddwyd ddeuddeg mis ymlaen llaw, a hynny yn Iwerddon a'r Alban yn ogystal â Chymru, gan amlygu trwy hynny ymwybyddiaeth barhaol o'r berthynas a fu. Bardd o Wynedd a enillodd y gadair; telynor o Ddeheubarth a ddyfarnwyd yn feistr cerdd...

Haws y gallasai Cymreictod ddiflannu o dan bwysau goresgyniad Normanaidd fel ag yr ymgiliodd yn Ystrad Clud. Yn lle hynny gwelodd teyrnasiad Rhys adfywiad Cymreig, a borthwyd yn egnïol ganddo, a roes nerth ac urddas newydd i'r bywyd Cymreig.

(Cyhoeddwyd er dathlu 850 mlwyddiant geni Rhys ap Gruffudd ym 1132.)
Gwasg Gwynedd, 1982

DARLITH GOFFA ALEX WOOD 1973
Trais a Rhyddid Cenedlaethol

Mae fy agwedd bersonol i yn wybyddus yng Nghymru. Pe tybiwn i y gellid byth gyfreithloni defnyddio trais er mwyn sicrhau unrhyw nod gymdeithasol, yna er mwyn sicrhau rhyddid a statws cenedl i Gymru – yr achos y treuliais y rhan fwyaf o'm bywyd erddo – y byddai hynny. Ond yn fy marn i nid yw hyd yn oed yr achos aruchel hwn, y dibynna bodolaeth y genedl Gymreig arno, yn cyfiawnhau defnyddio trais...

Nid yw trais yn drais ond pan gyflawnir ef ar bersonau dynol...

Yn fy marn i nid oes cyfiawnhad moesol trosto mewn un sefyllfa arall, er bod mwy o gyfiawnhad tros ei ddefnyddio mewn amgylchiadau lle mae anghyfiawnder cymdeithasol eithafol nag oedd tros droi ato yn rhyfeloedd ein canrif ni...

Craidd y ddadl dros genedlaetholdeb di-drais yw bod awdurdod y gyfundrefn Brydeinig yng Nghymru yn deillio oddi wrth bobl Cymru. Yr unig ffordd effeithiol i'w dymchwel yw trwy warafun iddi ei nerth o'r ffynhonnell hon.

Un o'r rhesymau am ffyrnigrwydd ymosodiadau ei gwrthwynebwyr ar Blaid Cymru yw y sylweddolant yn iawn fod cefnogi Plaid Cymru yn gyfystyr â pheidio â chefnogi'r gyfundrefn Brydeinig...

"Cenedlaetholdeb Di-drais" (Cymdeithas y Cymod)

80 Cwestiwn ac Ateb ar Blaid Cymru
(Pedwerydd Argraffiad)

Pa beth yw Plaid Cymru?
 Yr unig Blaid wleidyddol annibynnol Gymreig a fu erioed.

Paham hunanlywodraeth i Gymru?
 Am fod Cymru'n genedl.

Pa ddrwg a wnaeth y Llywodraeth Seisnig i Gymru?
 ...Gwnaeth ei heithaf i ddiwreiddio'r Cymry o'u Cymreigrwydd, gan geisio gwneud Saeson neu Brydeinwyr ohonynt. Didolodd hwy oddi wrth eu gwerthoedd traddodiadol gan eu llusgo i'w himperialaeth ryfelgar. Pan ddaeth dirwasgiad ar ôl rhyfel 1914 – 18 gadawodd Cymru yn ddiamddiffyn, gan drosglwyddo ei phobl i Loegr. Aeth 500,000 allan o Gymru. Pe buasai Cymru'n rhydd ni welsai fwy o'r drwg mawr hwn nag a welodd gwledydd bach eraill Ewrop.

A fyddai Senedd yn faich ar Gymru?
 Nid oes yr un wlad a enillodd ei rhyddid yn barod i'w ildio. Ni chwyna'r un ei bod yn faich. Yn y Swistir, gwlad gymharol dlawd o brin bedair miliwn o boblogaeth, y mae Senedd ffederal ganolog a dwy ar hugain o Seneddau taleithiol – 23 o Seneddau mewn gwlad sydd fawr fwy ei phoblogaeth na Chymru a llai ei hadnoddau naturiol.

A fedrai gynnal ei safon byw dan hunanlywodraeth?
 Wrth edrych ar y ffeithiau mae'n deg casglu y gallai llywodraeth Gymreig godi safon byw Cymru. Y mae ei hadnoddau yn ôl y pen yn uwch na'r rhan fwyaf o wledydd y Gorllewin; ac fel gwlad fach fe fyddai'n arbed llawer o gostau imperialaeth.

CYMRU O HUD

Oddi ar y siaced lwch

Dyma gyfrol sy'n cyfleu rhamant a rhyfeddod hanes Cymru trwy eiriau
Cymro mwyaf yr ugeinfed ganrif a delweddau un o'n ffotograffwyr
mwyaf creadigol. Mewn plethwaith celfyddyd, mynegir drama a
hudoliaeth, arwriaeth a thristwch ein hanes: hefyd y dygnwch a
sicrhaodd ein parhad. Dyma drysor o gyfrol a fydd yn ysbrydoliaeth i
bob Cymro.

Gwynfor Evans yn ddiddadl yw Cymro mwyaf yr ugeinfed ganrif.
Mewn gyrfa wleidyddol hir ac unplyg – ef oedd llywydd Plaid Cymru
o 1945 hyd 1981 – fe drodd Plaid Cymru o fod yn 'blaid fach' i fod
yn rym allweddol yn hanes Cymru. Ef ei hun oedd y dylanwad unigol
mwyaf tu ôl i'r symudiad at ddatganoli ac at ffurfio Cynulliad Cymreig.

Cyflwyniad i'r llyfr gan Marian Delyth

…Gallwn i ond rhyfeddu wrth wrando arno'n traethu'n huawdl,
gan gofio pob dyddiad ac enw ym mhob cyfnod yn ein hanes! A'r
cyfan o enau y mwyaf diymhongar o blith dynion. Fy mharch
tuag at ei arweiniad a'i aberth drwy gydol ei fywyd fu'n ysgogiad i
mi ddyfalbarhau gyda'r gyfrol hon o luniau, a chefais ei gwmni yn
ysbrydoli pob cam o'r daith. Cyflwynaf y lluniau hyn a grëwyd gyda
chariad, yn wylaidd iddo.

Tywi Uchaf

Enghraifft o drahaustra'r sefydliad Prydeinig tuag at Gymru ganol
yr ugeinfed ganrif, oedd penderfyniad y Comisiwn Coedwigaeth i
blannu miliwn a chwarter o aceri o dir Cymru â choed. Trefnodd Plaid
Cymru ymgyrch nerthol i wrthwynebu'r cynllun a oedd i ddechrau
gyda phryniant gorfodol deugain mil o aceri o dir cymdogaeth Tywi
Uchaf, uwchlaw Rhandirmwyn. Digwyddiad mwyaf yr ymgyrch
oedd Rali Fawr 1949, a gynhaliwyd ar lecyn trawiadol o brydferth tua
thair milltir i'r gogledd-orllewin o Randirmwyn. Er culed y ffordd,
llwyddodd tua mil o bobl i gyrraedd man cyfarfod y rali, darn o ddaear

wastad a wynebai raeadr hardd afon Doethie a ruthrai i lawr y creigiau cyn ymuno ag afon Tywi gannoedd o droedfeddi serth oddi tan y dorf. Uwchben y bryn coediog, lle rhedai'r Doethie dros ei odre creigiog, gwelid ogof Twm Siôn Cati...

Garn Goch

Ar wahân i Ystrad Clud, lle y parhaodd y Gymraeg am ddwy neu dair canrif arall, yr unig Frythoniaid Cymraeg eu hiaith oedd yn bod yn yr wythfed ganrif oedd y Cernywiaid a'r Cymry...

Cenedl fach a'u cefn at y wal a fu'r Cymry erioed. Ni bu hyn yn amlycach nag yn ystod yr ornest ddwy ganrif yn erbyn y Normaniaid, milwyr galluocaf yr oes. Enghraifft yw'r frwydr dyngedfennol a ymladdwyd ar adeg bur argyfyngus yn y de ar rostir rhwng Llwchwr ac Abertawe. Dan Hywel ap Meredydd ymosododd Gwŷr Brycheiniog ar Normaniaid a Saeson cryfion Gŵyr ar Ddydd Calan 1136 a'u trechu'n drwm. Nodir man y frwydr gan faen. Daw tyrfa ynghyd bob dydd Calan i gofio dathlu'r fuddugoliaeth.

Geiriau Gwynfor Evans; lluniau Marian Delyth, Y Lolfa, 2001

POBOL

Drwy lygaid Gwynfor

DJ Williams

Efallai mai'r hynotaf o bawb o'm cyfeillion oedd D J Williams ei hun.

Yn ystod blynyddoedd hir ein cyfeillgarwch clywais D J yn adrodd cannoedd lawer o storïau am bobl a digwyddiadau a dywediadau. Rhaid bod miloedd o ddigwyddiadau a ffraethinebau ac ati wedi eu cerfio ar ei gof; gallai alw arnyn nhw fel y mynnai. Ni chlywais ef erioed yn ei ailadrodd ei hun. Roedd stôr ei storïau mor amrywiol â bywyd, rhai ohonyn nhw'n goch iawn. Dywedodd wrthyf unwaith mai dim ond wrth ddau y gallai adrodd ei straeon cochaf – Saunders Lewis a minnau. Am bâr!

Bywyd Cymro, 1982

Cyfoeth Dynoliaeth Fawr D J

Cyfoeth ei ddynoliaeth oedd y nodwedd amlycaf i mi ym mywyd D J. Ym mhopeth a wnâi gwelid ei gariad cynnes, eirias yn wir, at bobl – ei gyfeillion, ei gydnabod, pawb y gwyddai am eu hangen, oddi mewn i'w gymdogaeth a'i wlad ac oddi allan; canys nid oedd terfyn i'w gariad. Carai ei fro enedigol, ei daear a'i phobl yn angerddol; carai Gymru a charai Grist gyda'r un angerdd.

Ni byddai byth yn gosod ei hun yn y canol er y byddai ei ddawn fawr, ei gynhesrwydd a'i hiwmor bendigedig yn ei ddwyn i ganol pob cwmni. Pan fyddai'n un o ddau hoeliai ei sylw ar y llall bob amser. Ni bu erioed greadur mor ddiawen nag wyf fi, ond byddai D J yn gwrando ar fy ngeiriau cyffredin i fel pe baen nhw'n berlau o farddoniaeth a doethineb buraf. Byddai ei gyfraniadau ei hun i'r sgwrs yn fynych yn ddisglair a bywiog.

Byddai pobl yn ei siomi'n aml iawn, ac yn Abergwaun ei hun ychydig iawn a'i gwerthfawrogai. Efallai mai D J yw'r mwyaf a aned yn Sir Gaerfyrddin ers y ddeunawfed ganrif, ond clywais ei ddisgrifio yn Abergwaun fel 'dyn bach od'. Er hynny ni pheidiai ag ymegnïo dros yr achosion y credai mor ddwfn ynddynt ac ni welais erioed gysgod pwdu arno.

Cas ganddo oedd casglu arian, gwerthu papurau a threfnu cyrddau. Pan awn i Abergwaun i gynnal cwrdd a drefnwyd ganddo byddai'n gofyn i mi ddod rhyw awr cyn pryd er mwyn mynd gydag ef o gwmpas nifer o gartrefi. Credai y byddai ar y bobl ormod o gywilydd i beidio â dod i'r cwrdd pe galwem arnynt ymlaen llaw.

Yr oedd gweithio gydag ef yn hyfrydwch pur ac yn gynhaliaeth ysbrydol. Am un peth byddech yn siŵr o glywed straeon ganddo na chlywsoch chi mohonyn nhw o'r blaen yn cael eu hadrodd gyda'r fath lendid a blas. Rhyfeddod o gof oedd ganddo; rhaid fy mod wedi clywed ganddo gannoedd o hanesion na roddwyd mohonynt ar glawr ganddo erioed.

Yr oedd newydd gyrraedd ei bumdegau pan ddeuthum i'w adnabod a gwn yn dda ei fod yn mynegu ei gariad gyda'r un egni taer a hael yn yr wythdegau ag ydoedd genhedlaeth ynghynt.

Pan ddaeth isetholiad Caerfyrddin roedd yn fregus iawn ei iechyd – bu'n dioddef gan ei galon trwy'r ugain mlynedd olaf – a sgrifennais ato i fynnu na ddeuai i weithio i'r Sir ar unrhyw adeg. Ond gweithio y bu am wythnosau a rhaid ei fod wedi cerdded cant a mwy o filltiroedd yn ystod yr wythnosau hynny. Ddeuddydd cyn yr etholiad pan oedd hi'n amlwg fod pethau'n mynd yn dda dywedodd Miss Cassie Davies wrthyf yn Swyddfa Caerfyrddin, "Dim ond un peth a allai ladd D J yn awr – eich bod chi'n mynd mewn." Ond rhoddodd les newydd ar ei fywyd, ac mor gyfoethog y bu'r ychwanegiad.

Dau sant mawr diamheuol y cefais y fraint o'u hadnabod. George M Ll Davies oedd y naill a D J y llall. Gyda bod yn sant yr oedd D J yn artist. Creodd lenyddiaeth a fydd byw cyhyd ag y bydd yr iaith fyw. Ond ei fywyd oedd ei greadigaeth fwyaf. Cafodd ei eni'n artist; bu'n artist yn ei farw yng nghanol y cwmwl tyston y soniasai amdanynt yng Nghapel Rhydcymerau y nos Sul fythgofiadwy honno yn nechrau'r flwyddyn. Un funud yr oedd o'n blaen yn fywyd i gyd, ei wyneb yn goch gan angerdd a llawenydd ei neges a'i lygaid yn pefrio'n fywiog trwy'r sbectol fawr. Chwarter awr wedyn gorweddai ei gorff yn llonydd ar y sedd, ei lygaid ynghau a golwg gryf a phenderfynol ar ei wyneb a edrychai fel pe bai wedi ei naddu o farmor. Yr oedd wedi ymuno ag anfarwolion y cwmwl tyston.

Y Ddraig Goch, Chwefror 1970

Teyrnged i "J.E."

Y peth gorau a ddaeth i ran Plaid Cymru wedi ei sefydlu yn fy marn i, oedd dyfod J E Jones ati ym 1930 fel Ysgrifennydd Cyffredinol. Athro yn Llundain oedd J E ar y pryd gyda rhagolygon golau am swydd prifathro, ond gadawodd y sicrwydd hwn am ansicrwydd swydd, gwerth £200 y flwyddyn, gyda phlaid wleidyddol fach newydd na feddai ar fwy nag ychydig gannoedd o aelodau trwy'r wlad (tua'r pumed rhan o'r hyn sydd ym Meirion heddiw).

Gyda chrebwyll a chraffter a phenderfyniad godidog, ac ymhlith pobl ddiwreiddiedig, meithrinodd y blaid fechan hon trwy gydol cenhedlaeth gyfan, trwy gyfnod tywyll y dirwasgiad, rhyfel cartref Sbaen a'r Rhyfel Byd. Ar gyfnod pan roddai hyd yn oed y Cymry gorau eu teyrngarwch gwleidyddol hollbwysig i sefydliadau anghymreig, galwodd J E arnynt mewn gair a thrwy weithred hir ei fywyd ymroddedig i ffyddlondeb diwyro dros Gymru.

Galluoedd Anghyffredin

Dygodd alluoedd a chymeriad cwbl anghyffredin i'r gorchwyl hwn. Pan fethai'r disgleiriaf, gwelai J E ei ffordd yn glir, pan ddiffygiai'r cryfaf, daliai ef ati, gan lafurio ddydd a nos heb arbed dim arno'i hun.

Graddol gynyddu a wnaeth Plaid Cymru o dan ei ofal. O'r degau o bleidiau a gychwynnwyd yng ngwledydd Prydain yn ystod yr hanner canrif hwn, hi yn unig a ddaliodd ei thir ac a gynyddodd. Eithr câi ei hysgrifennydd siomedigaethau lu, heb ddim o'r llwyddiannau melys a ddaw i'r pleidiau sefydledig. Ychydig o'r rhai a ymunai â hi a fedrai barhau yn y gwaith diddiolch. Ymadawai llawer â hi, canys ni allai gynnig dim i neb, ac yr oedd aelodaeth ynddi yn rhwystr i yrfa rhai uchelgeisiol.

Ysgrifennai J E at y cannoedd gan ei gyfrif ei hun yn ffodus pe bai degau yn ateb. Casglai ddefnyddiau i'r papurau; yn fynych byddai'n rhaid iddo eu his-olygu a'u gweld trwy'r wasg a'u dosbarthu. Casglai arian i gynnal y gwaith, gan greu Cronfa Gŵyl Ddewi, y dibynna'r Blaid yn ariannol arni. Enillai aelodau fan hyn, codai gangen fan acw, creai bwyllgor mewn man arall. Âi'r gwaith trwm yn ei flaen ddydd ar ôl dydd a nos ar ôl nos, heb lacio dim. Ond gwnâi'r straen enbyd ei ôl ar ei gorff. Cafodd salwch trwm a thriniaeth law-feddygol chwyrn. Dychwelodd at ei waith gan ddal i weithio fel cynt.

Testun syndod cyson i'w gyfeillion oedd ei allu i orfodi ei hun i weithio fel y gwnâi ynghanol poen a llesgedd gydag ambell un ciaidd yn cyfarth yn barhaus wrth ei sodlau, heb golli dim o fwynder siriol ei ysbryd. Er i glefyd y galon ddod i ychwanegu at ei dreialon, parhaodd i weithio. Eithr amlhâi'r cyfnodau o wendid llwyr a phoen dirdynnol pan na fedrai ei lusgo ei hunan allan o'i gartref. Er gwaethaf y gwaith a wnâi yn ei gartref daeth yn amlwg na fedrai barhau mewn swydd mor drom, a thorrodd y meddyg y ddadl gan ei orchymyn i roi'r gorau iddi.

Ymddeol

Yn y gwanwyn eleni ymddeolodd J E o'i swydd fel Cyfarwyddwr Cyffredinol Plaid Cymru er cytuno parhau yn Gyfarwyddwr Ymgynghorol. Ergyd drom i'r Blaid a siom fawr iddo yntau oedd ei ymddeoliad ond oherwydd llwyddiant ei waith yr oedd y Blaid, a feithrinodd gyda'r fath amynedd, bellach yn fudiad cryf, gydag arweinwyr profiadol a galluog mewn ugeiniau o ardaloedd; adeiladodd yn gadarn.

Cododd y cwestiwn, ymha ffordd orau y gellid amlygu gwerthfawrogiad o waith a bywyd rhyfeddol J E. Penderfynwyd yr adlewyrchid yn decach ei safle yn y wlad pe na chyfyngid y gwaith o drefnu teyrnged i'w gyd-aelodau ym Mhlaid Cymru. Gofynnodd rhai cyfeillion cywir iddo, nad ydynt yn aelodau o Blaid Cymru, a gaent gydweithredu. Daeth llawer i gyffyrddiad agos ag ef yn ei weithgareddau anwleidyddol, yn yr Eglwys, yn yr Ysgol Sul (lle y bu'n athro da am hir), yn y Clwb Cinio Cymraeg (a sefydlodd yng Nghaerdydd), mewn cymdeithasau diwylliannol ac yn y blaen.

Anrhydedd i Wron

Ffurfiwyd pwyllgor, y ceir enwau ei swyddogion wrth yr apêl, gyda Dr Huw T Edwards yn gadeirydd delfrydol, a phenderfynwyd trefnu yr hyn a alwodd y pwyllgor yn "werthfawrogiad." Rhaid dweud na ddymunai J E weld trefnu tysteb iddo, a chydsyniodd yn unig pan bwyswyd arno, i beidio edrych arno o'r wedd ariannol eithr ei ystyried yn gyfle i'w lu cyfeillion dalu eu teyrnged iddo fel un a olygodd lawer iddynt hwy. Pwysleisiwyd nad yw'r rhodd ariannol namyn cyfle y dymunai cannoedd lawer amdano i anrhydeddu un o wroniaid mawr Cymru'r ugeinfed ganrif.

Bellach, cafodd y wlad y cyfle hwn, ac y mae'n sicr fod aelodau Plaid Cymru ymhob rhan ohoni yn diolch am gael dangos i'r cymwynaswr mawr, y gwyddant hwy yn well nag eraill am faint a gwaith ei lafur, gymaint yw eu gwerthfawrogiad o'r hyn a wnaeth.

Y Ddraig Goch, Tachwedd/Rhagfyr 1962

Teyrnged i Cassie Davies

Gyda marwolaeth Cassie Davies collodd Cymru un o'r merched mwyaf nodedig ei chenhedlaeth. Yn berson dawnus o gymeriad cryf anarferol fe ymunodd â Phlaid Genedlaethol Cymru yn Ysgol Haf Machynlleth yn 1926 gan roi ei chefnogaeth ymarferol a hael drwy ei bywyd i'r mudiad…

Daeth o gefndir diwylliannol Tregaron a chafodd yrfa academaidd ddisglair dros ben yn Aberystwyth… O fewn blwyddyn wedi iddi orffen ei chyrsiau yn Aberystwyth fe'i hapwyntiwyd yn ddarlithydd yn y Gymraeg yng Ngholeg Hyfforddi'r Barri – coleg i ferched yn unig…

Treuliodd ail ran ei bywyd yn Brif Arolygydd Ysgolion Cynradd Cymru. Bu ei dylanwad a'i gwaith yn hyrwyddo a datblygu'r Gymraeg yn arbennig iawn…

Llanwyd ei bywyd â gwaith dros Gymru a chyda brwdfrydedd diflino trefnodd nosweithiau llawen a chyfarfodydd diwylliannol a gwleidyddol gan gymryd rhan flaenllaw ei hunan ym mhob un bron…

Roedd ganddi wit a hiwmor digymar a chyda'i ffrind Mari James Llangeitho (a fu'n Gynghorydd Sir Plaid Cymru ar Gyngor Sir Dyfed am flynyddoedd), daeth y rhaglen *Raligamps* yn un o brif raglenni difyr ar y radio…

Cyfrannodd gydag ymroddiad llon i ymestyn bywyd ein cenedl fusgrell.

Cambrian News, 7 Mai 1988

Dr Wynne Samuel 1911–89

Am ddegau o flynyddoedd bu Wynne Samuel yn un o brif arweinwyr Plaid Cymru. Ymunodd â'r Blaid yn nechrau'r tri-degau … Meddai ar gyfuniad anghyffredin o alluoedd naturiol ac argyhoeddiadau dwfn, a buan y daeth yn arweinydd cenedlaetholwyr Cwm Tawe… Roedd yn heddychwr, ac wedi iddo sefyll fel gwrthwynebwr cydwybodol yn y rhyfel cafodd ei ddiswyddo gan Gyngor Abertawe.

Ymhen dwy flynedd yr oedd yn drefnydd ar staff Plaid Cymru a bu yn y swydd am ddeuddeng mlynedd ac yn drefnydd arbennig o lwyddiannus…

Roedd yn ddadleuwr chwim ac yn siaradwr cyhoeddus eithriadol o rymus a allai drafod ffeithiau celyd gyda huotledd ysgubol. Ar ei ddydd rwy'n credu mai ef oedd y siaradwr cyhoeddus gorau yng Nghymru. Bu'r doniau hyn o werth mawr iddo wrth ymladd etholiadau, lleol a

Seneddol. Efe oedd y cyntaf yn neheudir Cymru i ennill sedd ar gyngor yn enw'r Blaid ym Mhontardawe … Efe hefyd oedd y cyntaf yn y De i ymladd etholiad seneddol dros y Blaid yng Nhastell-nedd ym Mai 1945 gan wneud yn rhyfeddol o dda a chael 6,290 o bleidleisiau. Yn Rhagfyr y flwyddyn ganlynol safodd isetholiad yn Aberdâr a chael saith mil o bleidleisiau, sef 20 y cant o'r cyfanswm. Cyfrannodd yr etholiadau hyn lawer at sefydlu'r Blaid fel grym Cymreig ym meddyliau pobl y deheudir diwydiannol, deffroisant ymwybyddiaeth genedlaethol mewn miloedd…

Am flynyddoedd golygodd y *Welsh Nation* a'r *Ddraig Goch*… Bu'n Llywydd Undeb y Bedyddwyr yn 1960, yr ifancaf erioed i gael y swydd… Yna, trodd ei olygon tua'r gyfraith, ac amlygodd ei allu meddyliol yn y gamp o basio arholiadau'r bar a mynd yn far-gyfreithiwr ac yntau yn ei ganol oed…. Dychwelodd i lywodraeth leol lle cychwynnodd ei yrfa. Cafodd bymtheng mlynedd hynod lwyddiannus fel Clerc Dinbych y Pysgod… Ym maes llywodraeth leol y gwnaeth ei gymwynas fwyaf pan sefydlwyd Cymdeithas Cynghorau Bro a Thref Cymru. Wynne oedd prif sefydlydd y gymdeithas bwysig hon. Ef oedd ei hysgrifennydd ac efe oedd ei harweinydd. Gweithiodd yn galed drosti tra parhaodd ei iechyd. Nid yw'n ormod dweud fod Cymdeithas Cynghorau Bro a Threfi Cymru'n gofgolofn iddo.

Y Faner, 23 Mehefin 1989

Elwyn Roberts 1904–88

Roedd Elwyn Roberts yn un o Gymry mwyaf nodedig ei gyfnod. Fe'i ganed yn Abergynolwyn ac fe'i claddwyd yn Llanfihangel-y-Pennant wrth odre gorllewinol Cader Idris… Gallasai fod wedi cael gyrfa dawel, gysurus mewn banc, lle'r aeth i weithio'n gynnar, gan ddod yn rheolwr o'r radd flaenaf, canys yr oedd yn ŵr busnes medrus a gofalus, yn weithiwr eithriadol o galed, yn ŵr cytbwys ei farn ac yn drefnydd at flaenau ei fysedd. Ond carai Gymru'n rhy angerddol i fodloni ar hynny. Rhoi ei fywyd i'w gwasanaethu hi fu ei ddewis… Safasai fel heddychwr yn erbyn y rhyfel ac efe oedd fy nghynrychiolydd yn etholiad seneddol Meirion yn 1945. Ni allai gysoni rhyfel a Christnogaeth a bu

Cristnogaeth yn gymaint o'i fywyd â'i genedlaetholdeb.

Yn genedlaetholwr o'r groth, ysai am weld Cymru'n byw ei bywyd yn gyflawn fel cenedl… Bu'n drefnydd yr Eisteddfod Genedlaethol ym Mae Colwyn a Llanrwst yn 1951. Yn ystod blynyddoedd ei ysgrifenyddiaeth y bu'r trafodaethau a arweiniodd at wneud y Gymraeg yn unig iaith yr Eisteddfod.

Ymunodd â staff Plaid Cymru ac mae'r enw a wnaeth trwy ei ofal galluog am ei chyllid yn ddihareb yn y Blaid. Am ddwy flynedd bu'n trefnu'r Ymgyrch Dros Senedd i Gymru ac efe mewn gwirionedd oedd arweinydd y mudiad hwnnw. Casglwyd chwarter miliwn o enwau mewn deiseb a alwai am Senedd Gymreig; fe'i cyflwynwyd i Westminster yn 1956…

Yn 1964 daeth yn Ysgrifennydd Cyffredinol y Blaid, gan ddal y swydd drom honno hyd at ei ymddeoliad. Ei gyfnod ef yn yr ysgrifenyddiaeth a welodd isetholiadau Caerfyrddin, y Rhondda a Chaerffili. Yn 1971 fe'i hetholwyd yn aelod o Gyngor Môn ac yna Gwynedd…

Roedd mawredd yn Elwyn Roberts. Sgleiniai ei unplygrwydd a'i deyrngarwch i Gymru drwy ei holl weithgareddau. Fel darn o gadernid Gwynedd y gwelais ef erioed. Saif ochr yn ochr â J E Jones fel un o brif benseiri Plaid Cymru.

Y Faner, 2 Medi 1988

Proffwyd Y Pethau Bychain – Leopold Kohr

Ym marwolaeth Leopold Kohr collwyd un o'r meddylwyr mwyaf treiddgar a fu'n byw yng Nghymru. Pan gyhoeddodd y *Sunday Times* gyfres o fywgraffiadau a lluniau mil o bobl a luniodd fyd yr ugeinfed ganrif roedd ef yn un ohonyn nhw. Leopold Kohr oedd prif broffwyd yr endid bychan…

Awstriad oedd Leopold Kohr a ymdeimlai â'r Celt yn ei dras. Deuai o bentref Obendorf ger Salzberg, y pentre lle ysgrifennwyd geiriau'r garol 'Dawel Nos'. Pan feddiannwyd Awstria gan Hitler fe fudodd i'r Unol Daleithiau ac yna i Ganada… Am 19 blynedd cyn dyfod i Gymru fe fu'n Athro Economeg ym Mhrifysgol Pwerto Rico.

Mynegodd ei weledigaeth mewn nifer o gyfrolau. Yr enwoca' ohonyn nhw oedd *The Breakdown of Nations* yn 1957 – un o lyfrau seminal y ganrif. Plediai dros fyd o unedau bychain er mwyn lleihau problemau rhyfeloedd mawr, trueni economaidd a cholli rhyddid. Ysgrifennais ato ar ôl darllen *The Breakdown of Nations* gan amgau fy mhamffled *Welsh Nationalist Aims*. Daeth ateb brwd gyda'r troad. Dyna ddechrau cyfeillgarwch a barodd weddill ei oes.

O fewn deuddeng mis cyfnewidiodd Leopold le am flwyddyn gydag Athro economeg ym Mhrifysgol Cymru, Abertawe… Syrthiodd mewn cariad â Chymru; hi bellach oedd ei wlad fabwysiedig.

Yn Aberystwyth y bu'n byw, yng nghanol cwmni hyfryd o gyfeillion hyd at dair blynedd yn ôl. Roedd wrth ei fodd yn darlithio ar hyd a lled de-orllewin Cymru lle y mae atgofion melys iawn gan gannoedd am ei ddarlithiau… Prin byth y caech sgwrs ag ef, na darlith ganddo, heb fod chwerthin. Er mor drwm oedd ei glyw, roedd ei gwmni'n sbri.

Roedd polisi Plaid Cymru'n gwbl unol â'i weledigaeth. Gan hynny, fe gawsom ei gefnogaeth gadarn ar hyd y blynyddoedd ar lafar ac mewn llên, mewn cyrddau cyhoeddus ac mewn ysgrifau.

Collwyd cyfaill cywir, un oedd yn caru ein cenedl ni.

Portread Gwynfor Evans o Leopold Kohr, ei gyfaill ers blynyddoedd (Golwg Mawrth 1994)

RHIANNON DEG ...

Portread newydd o'r ferch olygus, alluog sy'n wraig i'n Llywydd

Llawer gwaith ar lwyfan, clywsom Gwynfor Evans yn sôn am ei deulu ac am ardal a chenedl. "Genir pob dyn," meddai, "i deulu ac i genedl, ac fe'i megir mewn cymdogaeth." Iddo fe mae cymdogaeth a chenedl yn dibynnu yn y gwraidd ar gartrefi. Carreg sylfaen cymdeithas yw carreg yr aelwyd.

Tybed nad ar ei aelwyd ei hun, gartref yn y Dalar Wen, Llangadog, y cafodd Gwynfor afael ar ei athroniaeth gadarn? Onid yno, yng nghanol y bywyd teuluol iach y crisialodd ei weledigaeth gyfan? A'r un a fu'n gyfrifol am saernïo'r bywyd teuluol hwnnw, gofalu'n gyson amdano a'i gyfeirio mewn ffordd mor gywir yw Rhiannon, gwraig Llywydd galluog Plaid Cymru.

Mae gwytnwch Gwynfor yn ddihareb i'r sawl a ŵyr amdano. Ei safiad yn peri syndod, ei argyhoeddiad yn rhyfeddol, a'i gorsen, er yn gwyro ganwaith yn y gwynt, heb unwaith golli ei gwraidd. Lle bynnag y safodd Gwynfor, lle bynnag y brwydrodd, yn gefn iddo o hyd ymhob brwydr bu hon – ei briod.

Hwyrach na ddeallodd Cymru eto ei chyfraniad hi i athroniaeth wleidyddol ei gŵr. Yn dawel a di-stŵr cyflawnodd yr orchest o feithrin y math o fywyd teuluol a allai fod yn sylfaen i fywyd cenedlaethol iach.

'Genir pob dyn i deulu,' chwedl Gwynfor, ac ar ei deulu yn aml y dibynna'r daliadau a'i gwna yr hyn ydyw mewn cymdeithas. Eithriad yw gweld Rhiannon yn rhannu'r llwyfan gwleidyddol gyda Llywydd y Blaid. Ni fynnodd fanteisio ar y cyfle parod a roddwyd iddi i fod yn wraig gyhoeddus dan lif y goleuadau llachar. Enciliodd o'r golwg gan ddewis yn hytrach wneud ei chyfraniad arbennig trwy fagu ei nythaid o genedlaetholwyr. Meithrinodd syniadau, breuddwydion a holl ffydd Gwynfor yn ei phlant a'u codi yn saith rhyfeddod o Gymreigrwydd ar aelwyd y Dalar Wen.

Pensaer yw ei brawd. Cynllunio tai yw celfyddyd nodedig Dewi

Prys Thomas. Ef, o ran hynny, a gynlluniodd y Dalar Wen o ran lleoliad ac amgylchedd a cherrig a choed. Ond un peth yw bod fel y brawd yn bensaer adeilad. Peth arall, pwysicach, yw bod fel Rhiannon yn bensaer i deulu. Dyna'r gwahaniaeth rhwng tŷ a chartre.

Gofalodd Dewi, yn ôl ei ffansi, fod yr adeilad yn un da ac yn un diddorol. Ei gynllun yn gywrain a'r defnyddiau Cymreig gorau ynddo o'r llawr i'r to. Gofalodd Rhiannon, yn ôl ei ffydd, ei lanw wedyn â sŵn y plant – sŵn Cymreig yn fwrlwm o chwarae ac o chwerthin. Ei lanw hefyd â chwedl a chân a chariad a Christnogaeth. Hynny sy wedi gwneud tŷ y Dalar Wen yn gartref. A lle bynnag y gwelir saernïo mor fwriadol ofalus â hyn, llaw'r fam sy amlyca yn y patrwm.

O ran gwedd a phryd, y mae Rhiannon yn un o ferched mwyaf golygus Cymru. Mae'n lluniaidd o gorff, ac yn rhyfeddol o hardd. Petai'n hunanol hwyrach y byddai wedi osgoi bod yn fam i saith o blant. Gall magu plant dynnu'r aradr yn drwm ar dalcen. Mentrodd Rhiannon hyd at seithwaith, ac am iddi fentro'n hapus-fodlon daliodd yn ifanc ei gwedd ac yn hoyw ei hysbryd. Yn naturiol a digyffro, yn ddiffwdan magodd ei phlant – ond nid yn ddi-hid. Hwy a gafodd ei hamser am dafell go lew o'i bywyd. Bu plant o dan y deg oed ar ei haelwyd am dros ugain mlynedd, ac yn ystod y cyfnod pwysig hwnnw yn ei bywyd, hwy a gafodd bron y cyfan ohoni.

Petai wedi dewis, diau y gallai fod wedi manteisio ar ei chwrs yn yr Ysgol Gelfyddyd yng Nghaerfyrddin a gwneud enw iddi ei hun fel arlunydd. Ond gwthiodd ei phensel a'i phaent i gwpwrdd yr oriau hamdden. Rhoes ei thuedd artistig yn hytrach ym mhwyth ac ym mhatrymau dillad ei phlant. Dim ond yn achlysurol y bodlonodd fynd ar y teledu i ddangos chwaeth ei champ ym myd ffasiynau. Dim ond yn ysbeidiol y boddlonodd ymddangos mewn rhaglenni ar drefnu blodau ac ar drafod dodrefn.

Rhoes fwy o amser yn wir i bethau lleol. Cofiaf glywed Syr Ifor Williams yn dweud un tro wrth lywyddu Steddfod Môn, mai cychwyn cenedlgarwch yw brogarwch. Digon gwir. Mae gwasanaethu cenedl yn golygu gwasanaethu bro. Llangadog yw bro Rhiannon. Yn ei hardal bu'n gymdogol ac yn gymwynasgar. Bu'n ysgrifennydd y côr lleol am ugain mlynedd. Bu'n hwyliog ei dawn ar lwyfan y Noson Lawen.

Ond ynghanol y prysurdeb i gyd, ni thynnodd ei llygad oddi ar y cartref. Wedi ysbrydoli llawer ar Gwynfor i osod sylfaen ei genedligrwydd yn gadarn, rhoes iddo hefyd y rhyddid i fynd ar gerdded i gyhoeddi ei genedlaetholdeb trwy Gymru. Nid amheuodd erioed y rhaid a'r anghenraid a fu arno i fynd i rywle – yn dawel derbyniodd ei deithiau, yn agos, ymhell, haf a gaeaf. Bodlonodd fod heb ei gwmni er mwyn ei genhadaeth. Bodlonodd am lawer dydd ac ar lawer nos, fod yn wleidyddol weddw – a hynny er mwyn y Gymru sy mor ddidostur wrth y rhai a'i câr.

Pan ddaw'r dydd i'r genedl gostus hon ennill ei rhyddid, bydd enw Gwynfor yn uchel ar restr y rhai a dalodd y pris. Bydded i ddynion y doethineb yn yr awr ddiddig honno i dorri yn ogyfuwch ag enw Gwynfor enw rhyfeddol Rhiannon hefyd.

Y Ddraig Goch, Awst 1966

NOD PLAID CYMRU

"Creu Cenedlaetholwyr yw'r Nod," medd Gwynfor Evans

Y mae angen cyntaf gwleidyddiaeth Gymreig yn syml iawn – Rhoddi Cymru'n Gyntaf.

Ond, er ei symled, y mae'n rhywbeth na all Llafurwr na Rhyddfrydwr na Thori mo'i wneud. A chan ei fod mor sylfaenol y mae'n rhaid ei argraffu ar feddwl y wlad yn ddi-baid.

Y mae gennym bolisi uchelgeisiol: ennill i Gymru le yn y drefn gydwladol – "Rhaid i Gymru ymuno â'r byd" yw un o'r sloganau da a ddefnyddiwn. Rhaid i Gymry chwarae rhan gyfrifol dros heddwch a chyfiawnder. Eithr amod cyflawni ei dyletswydd yn y byd yw bod ei phobl yn rhoi Cymru'n gyntaf. Amod pob gweithredu cyd-genedlaethol gan Gymru yw cenedlaetholdeb Cymreig iach. Gan hynny, yr unig wleidyddiaeth Gymreig foesol a chyfrifol yw'r wleidyddiaeth sy'n rhoi Cymru'n gyntaf.

Y Ddraig Goch, Medi 1963

Araith Gwynfor yn y Gynhadledd

Rhan fawr o waith Plaid Cymru yn ystod yr hanner canrif ddiwethaf oedd addysgu pobl Cymru mewn cenedligrwydd. Y mae Cymru'n hen genedl. Ond beth yw bod yn genedl? 'Cadw tŷ mewn cwmwl tystion,' meddai Waldo mewn diffiniad ardderchog…

Cymundod genedlaethol yw Cymru gan Gymry; amddiffynnwyd ei gwareiddiad gan ei phobl gydag ymroddiad ysblennydd am fil o flynyddoedd a mwy…

Y mae bywyd cenedl yn wead diwnïad. Nid yw'n bosibl didoli un wedd arni oddi wrth y lleill gan obeithio ei diogelu ar wahân. Ofer yw dweud, mynnwn gadw iaith a diwylliant Cymru, ond yr ŷm yn fodlon i Lundain reoli gweddill ei bywyd. Y mae tynged iaith a diwylliant cenedl ynghlwm, yn annatod, wrth drefn wleidyddol ac economaidd y genedl.

Y Ddraig Goch, Tachwedd 1976

Cymuned yw'r Genedl

Bodolaeth cenedl yw'r ffaith fawr, sylfaenol, yng Nghymru. Cymuned yw'r genedl, cymuned o gymunedau sy'n ffrwyth twf hanesyddol…

Y mae'r genedl, gan hynny, yn gwareiddio ac yn cyfoethogi bywyd y Cymry fel personau unigol. Y mae iddi hefyd swyddogaeth gydwladol bwysig…

Am y rhesymau hyn y mae ar y Cymry gyfrifoldeb sicrhau amodau bywyd cenedlaethol cyflawn. Yn wleidyddol dyna yw ei dyletswydd cyntaf. Cymru biau eu teyrngarwch cyntaf: nid gwlad neu wladwriaeth Prydain, nid rhyw wlad Brydeinig, ond Cymru.

Dyna yw cenedlaetholdeb Cymreig; polisi gwleidyddol ac amcanu at greu amodau bywyd cenedlaethol cyflawn. Nid yw hynny'n bosibl heddiw am fod Cymru'n genedl o dan ormes Lloegr…

Gweithia cenedlaetholwyr ymroddedig dros achos mawr sy'n fwy na nhw eu hunain. Os ŷnt yn gwbl o ddifrif aberthant beth pleser a hawddfyd er mwyn dyfodol eu gwlad, ac nid anghofiant byth mai Cymru yw honno.

Y Ddraig Goch, Awst 1987

Deffro Ymwybyddiaeth

Ac eithrio'r ymgyrch dros Senedd i Gymru, Tryweryn oedd y bwysicaf o'n holl ymgyrchoedd. Defnyddiwyd hon fel pob un arall i geisio deffro a dyfnhau ymwybyddiaeth Gymreig ac ymlyniad ymwybodol wrth y genedl. Nid trwy bolitics etholiadol confensiynol yn unig y cyflawnai'r Blaid y gwaith sylfaenol hwn na cheisiai'r un blaid arall ei gyflawni, ond hefyd trwy ymgyrchu parhaus dros sefydliadau ac achosion cenedlaethol – llawer ohonyn nhw yn y maes economaidd. Cyfrannai pob un ymgyrch rywfaint tuag at greu meddwl annibynnol Cymreig a thuag at ennyn, mewn rhai, deyrngarwch i Gymru. Y Cymreictod ymosodol hwn, dros gyfnod hir o flynyddoedd, a gynheuodd dipyn o dân Cymreig mewn llawer, tipyn o falchder yn eu tras, digon mewn degau o filoedd o rieni di-Gymraeg iddyn nhw fynnu anfon eu plant i ysgolion Cymraeg. Gofynner beth fyddai cyflwr Cymru heddiw oni bai am y gwaith hwn gan leiafrif go fach. Beth fyddai safle'r iaith? A fyddai gennym un o'r sefydliadau a enillwyd? Faint o fywyd a arhosai yn y genedl?

Camsynied dybryd yw mesur llwyddiant gwaith y Blaid mewn termau etholiadol. Yn ogystal â bod yn blaid boliticaidd bu'n fudiad cenedlaethol adfywiol yn gweithio oddi mewn i gorff y genedl, yn casglu o'i mewn y rhai a fu'n angerddol ddymuno sicrhau dyfodol cenedlaethol i Gymru. Dyma'r gwahaniaeth mwyaf sylfaenol rhwng Plaid Cymru a'r pleidiau Prydeinig.

Bywyd Cymro, 1982

Adeiladu Mudiad Cenedlaethol

Dibynnai dadeni Cymreig ar adeiladu mudiad cenedlaethol grymus a ymladdai ar bob ffrynt yng Nghymru. Oddi mewn i gorff y genedl y mae'r frwydr dyngedfennol. Grymusterau moesol, mewnol yn unig a all gadw ac adfer ei bywyd. Adlewyrchu cyflwr mewnol Cymru ei hun a wnâi'r hyn a wnaed iddi gan Whitehall. Pwysigrwydd pennaf cael cenedlaetholwyr i Westminster oedd ei bod yn amlygu nerth cenedligrwydd Cymru. Ni wnâi'r pleidiau Prydeinig unrhyw gyfraniad tuag at adenedigaeth genedlaethol. Gorchwyl mwyaf sylfaenol y neb sydd o ddifri dros Gymru yw adeiladu mudiad cenedlaethol a weithreda'n benderfynol yn y meysydd gwleidyddol, economaidd, diwylliannol a chymdeithasol. Casglu'r grymusterau hyn ynghyd oedd, ac yw, ein tasg fel cenedlaetholwyr. Hwn fu'r datblygiad mawr creadigol ym mywyd y genedl yn ystod y ganrif hon.

Bywyd Cymro, 1982

Y Nod Gwleidyddol Mwyaf: creu meddwl annibynnol Cymraeg

Tasg enfawr na ellir ei chyflawni heb greu meddwl annibynnol Cymreig yw ennill rhyddid cenedlaethol. Rhaid adeiladu plaid gref i ganolbwyntio ar y nod. Dwli yw honni y ceir hunanlywodraeth dim ond o'i roi wrth gwt polisïau pleidiau Prydeinig, heb ymdrech o gwbl. Hwn yw'r nod gwleidyddol mwyaf y gall Cymro amcanu ato. I'w gyrraedd mae'n rhaid harneisio adnoddau moesol y genedl mewn plaid genedlaethol. Hyn yn unig a ddwg bwysau gwleidyddol. Hyd yn oed pan oedd Plaid Cymru'n fach iawn, heb fod yn agos at lwyddiant etholiad o bwys, fe brofodd fod gan blaid genedlaethol annibynnol nerth. Yn ei lyfr *The Party System in Great Britain* sgrifennodd Bulmer Thomas cyn belled yn ôl â 1950: 'y mae gwaith penderfynol cenedlaetholwyr Cymru wedi gorfodi'r hen bleidiau i gydnabod Cymru fel cenedl.'

Bywyd Cymro, 1982

Yr Unig Ffordd

Cyfrwng gwleidyddol ewyllys y genedl i fyw yw Plaid Cymru. Ynddi hi crynhowyd y Cymry sy'n fodlon brwydro dos y genedl. Hi yw gobaith dyfodol Cymru. Gwnaeth mudiadau a sefydliadau eraill gyfraniad anhraethol ei werth i'n bywyd, a gwnânt waith anhepgor yn y dyfodol. Haeddant, a derbyniant, gefnogaeth weithgar cenedlaetholwyr Cymru. Ond, er eu gwerthfawroced, nerth a llwyddiant ei phlaid genedlaethol yn unig a all sicrhau dyfodol cenedlaethol. Os metha hi ni all y mudiadau a sefydliadau eraill wneud mwy nag arafu tranc y genedl. Gan hynny y mae iechyd ei phlaid yn hollbwysig i Gymru.

Bywyd Cymro, 1982

Y Gwerthoedd Hyn

Yr iaith yw cyfrwng traddodiad a gwerthoedd Cymreig. Gwnes fy siâr o farnu eu diffygion, ond y mae'n aros yn ffaith fod yr hanner miliwn o Gymry Cymraeg yn gyforiog o dalent ac egni. Siawns na welir eu Cymreictod hwy yn treiddio trwy'r elfen fawr ddi-Gymraeg ac anghymreig ac yn cymathu i raddau gan greu synthesis Cymreig a fydd o bwysigrwydd arwyddocaol i'r byd. Gallai cyfuniad o dalentau'r Cymry a gwerthoedd y dreftadaeth Gymreig wneud cyfraniad ffrwydrol o greadigol a gobeithiol i'r ddynoliaeth sydd mewn argyfwng mor enbyd. Ymlyniad wrth y gwerthoedd hyn all sicrhau bod y genedl fach sy'n trigo yn y cornelyn hwn o'r ddaear yn sylweddoli ei phosibiliadau mawr.

(Paragraff olaf Bywyd Cymro, 1982)

Plaid Annibynnol i Gymru: "Yr unig Ffordd"

Yr oedd sefydlu Plaid Cymru fel plaid annibynnol yn ffordd anodd, ond yr unig ffordd i wneud cenedligrwydd Cymru yn allu iachus eto ym mywyd y wlad a'i wisgo mewn gwladwriaeth Gymreig. Yr oedd yn ffordd anodd am na bu'n arfer gan y Cymry ers canrifoedd roi eu teyrngarwch gwleidyddol cyntaf i'w cenedl.

Rhyw Blaid Seisnig neu'i gilydd a'i cafodd yn ystod y ganrif a aeth heibio, a phan sefydlwyd plaid Gymreig annibynnol yn 1925, yn y pleidiau Seisnig hyn yr oedd holl fywyd gwleidyddol y wlad wedi ymgrynhoi. Eu nerth oedd gwendid Cymru.

Gallai'r pleidiau Seisnig addo'n dda i Gymru yn ddiddiwedd heb gyflawni dim o bwys, oni bai bod yng Nghymru fudiad annibynnol cryf.

Yr unig ffordd i feithrin gwleidyddiaeth greadigol Gymreig yw trwy feddwl a gweithredu'n annibynnol, ond yn drefnus, fel Cymry. Trwy fagu hunanddibyniaeth y megir nerth moesol, a'r nerth hwnnw, o'i fynegi mewn Plaid annibynnol, a ddylanwada ar y Llywodraeth a'r pleidiau Seisnig.

Y Ddraig Goch, Chwefror 1952

Gweithio'n wleidyddol yw'r angen mawr – Neges Llywydd y Blaid

Araf ydym i feithrin pobl a weithia'n wleidyddol dros Gymru gyda difrifoldeb penderfynol; y mae rhai ymhob sir, ond y maent yn enbyd o brin. Oni bai amdanynt byddai'r rhagolygon yn ddu ac ar gael mwy ohonynt y dibynna Plaid Cymru.

Ceir bellach filoedd a weithia adeg etholiad, a da yw eu cael. Ond nid adeg etholiad y mae adeiladu mudiad a fydd yn fuddugoliaethus pan ddaw'r prawf. Rhwng yr etholiadau y mae gwneud hynny.

Y peth gorau a allai ddigwydd i Gymru yn 1960 yw i nifer mawr benderfynu gosod disgyblaeth arnynt eu hunain fel y rhoddont gyfran o'u hamser bob wythnos i weithio'n wleidyddol drosti. Gall hyn olygu bod yr amser a roddant i Blaid Cymru – y cydnabyddant fod dyfodol Cymru yn dibynnu ar ei llwyddiant – yn cymharu â'r hyn a roddant i fwy nag un sefydliad neu fudiad pwysig arall. Onid hyn sydd weddus? Y mae gormod o lawer ohonom yn ymesgusodi trwy ddweud nad gwleidyddol yw ein cyfraniad ni.

Yn eu hymyl y gall y mwyafrif wneud gwaith effeithiol; trwy'r gangen agosaf, neu trwy baratoi gogyfer â sefydlu un lle nad oes cangen.

A pha adeg o'r flwyddyn sy'n well na Gŵyl Ddewi i addunedu gwneud hyn?

Y Ddraig Goch, Mawrth 1960

Gweithgarwch y Blaid Mewn Dinas Saesneg

Anerchiad Mr Gwynfor Evans ym Manceinion

Gyda chynulliad na welwyd ei fath yma ers llawer dydd, rhoddodd Mr Gwynfor Evans araith ar "Angenrheidrwydd Hunanlywodraeth," yn yr Onward Hall.

Dywedodd Mr Evans fod Plaid Cymru yn ystod ei hymgyrch am hunanlywodraeth i Gymru yn wynebu cryfder anferth y pleidiau Seisnig yng Nghymru – sydd nid yn unig yn erbyn statws dominiwn i Gymru ond yn erbyn unrhyw fath o ymreolaeth o gwbl. Maent yn erbyn i Gymru gymryd ei rhan mewn bywyd cydwladol a hefyd yn erbyn i Gymru gael unrhyw fath o oruchwyliaeth seneddol ar ei materion mewnol.

Nid yw Cymru yn fater pwysig i'r pleidiau hyn – daw eu teyrngarwch i'w pleidiau yn gyntaf ac i Gymru yn ail yn unig.

Y Ddraig Goch, Gorffennaf/Awst 1962

Mae Plaid Cymru yn Anorchfygol ...

Mae Plaid Cymru'n anorchfygol am ei bod yn sianelu ewyllys y Cymry i ymgadw'n genedl. Gellir ei threchu dro ar ôl tro, a gwnaethpwyd hynny mewn etholiadau lleol neu seneddol, ond ni ellir ei gorchfygu.

Gan fod y cenedlaetholwyr yn gwybod bod yn rhaid gwneud y gwaith a wneir ganddi, pa beth bynnag yw agwedd Saeson a'n rheola neu ymateb cyd-Gymry, parhau i ymdrechu a wna Plaid Cymru: a chaiff y dyfalbarhad hwn effaith ddaionus ar ysbryd y Cymry ac ar y rhai sydd mewn awdurdod.

Mewn erthygl rymus yn *Barn*, tynnodd Alwyn D Rees sylw at y ffaith, a ddatguddiwyd eto gan brofiad Comisiwn y Brifysgol, fod Saeson yn tybio'n fynych eu bod yn gwybod yn well na'r Cymry pa beth sy'n llesol i Gymru. A chan mai mewn gwleidyddiaeth y cânt gyfle amlaf i weithredu ar eu gwybodaeth ragorach, mewn gwleidyddiaeth y ceir yr enghreifftiau mwyaf gwrthun a lluosog o'r sefyllfa hon. Os yw haerllugrwydd y Saeson yn wir am y Brifysgol, y mae'n sicr o fod yn wir am y pleidiau Seisnig, lle nad yw'r Cymry ond pump y cant o'u nerth.

Y Ddraig Goch, Mehefin 1964

Adeiladu Mudiad Cenedlaethol

Dibynnai dadeni Cymreig ar adeiladu mudiad cenedlaethol grymus a ymladdai ar bob ffrynt yng Nghymru. Oddi mewn i gorff y genedl y mae'r frwydr dyngedfennol. Grymusterau moesol mewnol yn unig a all gadw ac adfer ei bywyd. Adlewyrchu cyflwr mewnol Cymru ei hun a wnâi'r hyn a wnaed iddi gan Whitehall. Pwysigrwydd pennaf cael cenedlaetholwyr i Westminster oedd ei bod yn amlygu nerth cenedligrwydd Cymru. Ni wnâi'r pleidiau Prydeinig unrhyw gyfraniad tuag at adenedigaeth genedlaethol. Gorchwyl mwyaf sylfaenol y neb sydd o ddifri dros Gymru yw adeiladu mudiad cenedlaethol a weithreda yn benderfynol yn y meysydd gwleidyddol, economaidd, diwylliannol a chymdeithasol. Casglu'r grymusterau hyn ynghyd oedd, ac yw, ein tasg fel cenedlaetholwyr. Hwn fu'r datblygiad mawr creadigol ym mywyd y genedl yn ystod y ganrif hon.

Adeiladwn

Erbyn 1975 cerddodd y dirywiad yn sefyllfa'r iaith a'r diwylliant ymhell, ond adferwyd yr ewyllys i fyw, a chydag ef obaith a hyder. Syrthiodd cyfartaledd y Cymry Cymraeg i hanner yr hyn ydoedd yn 1925 ac ysigwyd y 'Cymry Cymraeg' yn enbyd. Serch hynny, y mae yma frwydr o ddifrif i adfer yr iaith, a phenderfyniad oer i ennill...

Llwyddiant y mudiad cenedlaethol a drawsnewidiodd y sefyllfa. Y mae sefydliadau heblaw Plaid Cymru yn y mudiad, a bu eu cyfraniad i'r adfywiad yn amhrisiadwy. Plaid Cymru a fu yng ngwres y frwydr trwy gydol y blynyddoedd a'i hymdrech hi ar lawer ffrynt a wnaeth fwyaf i ddeffro'r ysbryd a dyfnhau'r ymwybyddiaeth genedlaethol... Ym maes hollbwysig addysg y cafodd yr iaith ei llwyddiannau pwysicaf hyd yn hyn. Er bod teledu'n gymaint bygythiad, sut byddai oni bai am ymdrech gyson Plaid Cymru dros y Gymraeg ar radio a theledu?

Cafodd y Blaid lwyddiannau pwysig yn wleidyddol ac yn economaidd... dyma ni ar drothwy cael awdurdod datblygu economaidd nerthol a hefyd senedd etholedig o ryw fath ... Honno yw'r frwydr bwysig – y frwydr dros feddwl y Cymry... Ein gwaith mwyaf sylfaenol yw cael y Cymry i fyw a meddwl fel Cymry; eu cael i ewyllysio dyfodol cenedlaethol.

Yma y gwnaeth Cymdeithas yr Iaith ei chyfraniad mwyaf yn fy marn i. Rhoes fwy o ruddin yn y Cymry. Helpodd i'w radicaleiddio ac i fwrw ymaith daeogrwydd, fel y gwnaeth y Tân yn Llŷn...

Y digwyddiad a gafodd yr effaith fwyaf ar y genedl yn ddiau oedd ei buddugoliaeth yn isetholiad Caerfyrddin. Dysgwyd y Cymry eu bod yn genedl ac mai i'w cenedl y mae eu teyrngarwch gwleidyddol cyntaf yn ddyledus.

Un yw bywyd cenedl. Pan ddaw'r Cymry i feddwl a gweithredu fel Cymry, gan fynnu eu rhyddid, adferir eu balchder yn eu hetifeddiaeth genedlaethol.

Nid gormod yw gobeithio bod bywyd y genedl hon wedi ei hachub gan ymdrech yr hanner canrif ddiwethaf. Bregus yw o hyd, ond rhoddwyd cyfle iddi fyw, a byw bywyd cenedlaethol cyflawn. Gall Cymru weld dyfodol disglair. Dibynna ei dyfodol ar lwyddiant Plaid Cymru.

Bywyd Cymro, 1982

ETHOLIADAU

Ymladd Saith Sedd dros Gymru – negeseuau'r ymgeiswyr

Cymru: drosti hi y bydd ymdrech aelodau'r mudiad cenedlaethol yn yr etholiad cyffredinol.

Hanes enbyd o drist a fu i'n cenedl yn ystod y genhedlaeth ddiwethaf. Llusgwyd hi i ddau ryfel; collodd chwarter ei phobl trwy ymfudo; gwelodd ddiweithdra gwaeth na'r un genedl arall; ciliodd ei hiaith a'i diwylliant o lawer bro ac ardal; rheibiwyd ei daear; consgriptiwyd ei hieuenctid; ac yn awr wyneba ar flynyddoedd anodd iawn yn ddiymadferth, heb allu trefnu ei bywyd ei hun. Profodd y Llywodraeth Seisnig yn felltith iddi. Rhaid ei diwreiddio o'i thir.

Hawl ein cenedl, a'i hunig obaith am barhad, ydyw Senedd a Llywodraeth Gymreig. Cydiwn yng nghyfle'r etholiad fel y gweler Senedd i Gymru ar ein daear o fewn y pum mlynedd nesaf hyn.

Ein Testun Ni, Y Ddraig Goch, Chwefror 1950

Y Gwersi i Fudiad Rhyddid Cymru

Cyn ystyried canlyniadau'r etholiad, gadewch inni ddwyn i gof rai o'r rhesymau dros fodolaeth Plaid Cymru.

Hi yw unig fudiad gwleidyddol annibynnol y genedl Gymreig, ac un o'i phrif amcanion yw deffro yng Nghymru yr ewyllys i benderfynu ei hiechydwriaeth ei hun mewn rhyddid.

Eithr y ffactor bwysicaf yn erbyn y mudiad cenedlaethol mewn etholiad ydyw nerth amrywiol peiriant y pleidiau Seisnig, a gynnwys bellach radio a gwasg ddyddiol. Boddir y meddwl Cymreig, cyn iddo gael amser i wreiddio, gan rym y tonnau propagandyddol hyn. Y mae nerth y radio a'r wasg ddyddiol yn ddigon ynddynt eu hunain i'w gwneud yn amhosibl i blaid fechan godi ei phen. Ar y radio ac yn y wasg ddyddiol yr ymladdwyd yr etholiad, ac nid oedd lle i Gymru yn y naill na'r llall.

Awn ymlaen gyda'n llygaid yn agored i'r peryglon a wyneba Cymru. Cryfhawn y mudiad ymhob ffordd, a chariwn ei neges i bob cwr o'n gwlad. Yn y dyddiau sydd i ddod bydd ar Gymru fwy o angen nag erioed fudiad a gais gynnal ei chenedligrwydd, mudiad o Gymry na wangalonnodd, eithr a ymwrolodd pan oedd y galluoedd i'w herbyn rymusaf.

Y Ddraig Goch, Mawrth 1950

Llais Cymru – Pleidleisiwch Blaid Cymru: Neges oddi wrth Lywydd y Blaid

Bydd pobl Cymru yn rhoi i Blaid Cymru gefnogaeth fwy o lawer yn yr etholiad hwn na dim a gafodd erioed. O achos hynny gwelir y Blaid Gymreig yn y dyfodol yn llefaru ac yn gweithredu gyda mwy lawer o awdurdod ac effaith er lles Cymru. Er eu mwyn hwy, bobl Cymru, y mae'r Blaid hon yn bod. O'u plith hwy y cododd. Drostynt hwy y mae'n gweithio. Gyda'u nerth hwy wrth ei chefn gall orfodi Llywodraeth Whitehall i wneud mwy o gyfiawnder â hwy yn y blynyddoedd nesaf hyn.

Y gwir yw – gwaded a'i gwado – bydd polisi ac agwedd y Llywodraeth Seisnig tuag at Gymru'n dibynnu ar nerth y gefnogaeth a roddir i Blaid Cymru.

Y ffordd i effeithio'n llesol ar bolisi'r Llywodraeth (o ba liw bynnag y bo) yw rhoi grym wrth gefn ein Plaid Gymreig ein hunain.

Nid gŵr heb genedl;

Nid cenedl heb wlad;

Nid gwlad heb lywodraeth.

Y Ddraig Goch, Hydref 1958

Eisiau – Mil o Weithwyr: y Llywydd ar y Dasg o'n Blaenau

Etholiad Cyffredinol yw'r unig ddull o fesur cefnogaeth i bolisi plaid wleidyddol a gydnabyddir gan y Deyrnas Unedig.

Cafwyd 77,571 pleidlais i'r cenedlaetholwyr yn yr ugain etholaeth y safwyd ynddynt. Golyga hynny fod dros gan mil o genedlaetholwyr dibynadwy dros 21 oed yng Nghymru gyfan. Yn eu plaid hwy yr ymgorfforir bywyd ac ewyllys a gobaith am ddyfodol y genedl hanesyddol hon.

Dangosodd yr etholiad fod gan Gymru blaid genedlaethol a all ymladd yn bur effeithiol trwy'r wlad. Ynddi y mae hufen y genhedlaeth ifanc. Gwelwyd cynnydd mawr ar raddfa genedlaethol, ac yn awr gallwn weld y posibilrwydd i Blaid Cymru dyfu yn un o ddwy Blaid fwyaf Cymru.

Dibynna hyn ar gael mil o weithwyr cwbl ymroddedig yn gosod llwyddiant y gwaith hwn yn nod eu bywyd. Hwy a grea'r peirianwaith ac a gyflwyna'r genadwri ac ennill y wlad.

Y Ddraig Goch, Tachwedd 1959

Paratoi at y frwydr fwyaf a fu dros Gymru erioed

Gerbron cynulleidfa luosog a brwdfrydig a ddaeth ynghyd yn Aberystwyth o bob rhan o Gymru, cyhoeddodd Mr Gwynfor Evans, Llywydd Plaid Cymru, fwriad y Blaid i ymladd am 30 o seddau yn yr etholiad cyffredinol nesaf.

"Rhaid deffro'r genedl i gyd a rhoi i bawb yr ymwybyddiaeth o berthyn i fudiad sy'n cynrychioli Cymru gyfan… Rhaid i'r bleidlais fygwth diogelwch y pleidiau Seisnig mewn cynifer o etholaethau ag sy'n bosibl," meddai Gwynfor Evans.

"Y mae Plaid Cymru'n paratoi ar gyfer y frwydr fwyaf a fu dros Gymru erioed. Plaid Cymru yn unig sy'n sefyll yn awr rhwng Cymru ac angau."

"Y gwir yw," meddai Mr Evans, "fod pob problem sy'n wynebu Cymru fel cenedl yn broblem wleidyddol. Y mae dyfodol ein hiaith,

ein pobl, ein diwydiannau, ein hadnoddau dŵr, ein ffyrdd, ein
gwasanaeth teledu, i gyd yn dibynnu ar benderfyniadau gwleidyddol. Y
mae'r frwydr i achub Cymru o reidrwydd yn frwydr wleidyddol."

Y Ddraig Goch, Tachwedd 1961

Plaid Cymru'n paratoi at y tro nesaf

Bu'r amgylchiadau'n anos hyd yn oed nag a ddisgwyliem, ac am y tro
cyntaf erioed, ar wahân i etholiad anghyffredin 1951, y mae Plaid
Cymru wedi colli tir mewn etholiad cyffredinol. Teledu sy'n esbonio'r
sefyllfa enbyd y cawsom ein hunain ynddi eleni. Nid esgus yw hyn, ond
datganiad o ffaith. Ymladdwyd yr etholiad dan amgylchiadau annhebyg
i bob etholiad o'i flaen. Fe'i hymladdwyd ar deledu.

Erbyn hyn ceir teledu mewn naw cartref allan o bob deg yng
Nghymru. Am yn agos i dair wythnos, yr etholiad oedd y testun mawr
ar y sgrin, yn y newyddion a'r rhaglenni cysylltiedig â nhw, ac wrth
gwrs yn rhaglenni'r pleidiau. Nid unwaith, ond pedair neu bump
gwaith y noson y cafwyd y rhaglenni hyn yn trafod pleidiau Seisnig.
Nid gwrthod ein hachos wnaeth pobl Cymru, ond y gwir yw eu bod
heb glywed ein hachos.

Y Ddraig Goch, Tachwedd 1964

Ymdaflwn i'r gwaith canys 'Dyfod y mae'r Dydd'

Prin y bu amgylchiadau unrhyw etholiad erioed yn fwy anodd i Blaid
Cymru nag yn Chwefror 1974. Yn yr amgylchiadau hyn dangosodd
Plaid Cymru faint ei nerth trwy gadw pleidlais 1970, ac ennill Arfon a
Meirion a dod o fewn trwch blewyn i ennill Caerfyrddin. Dyma'r torri
trwodd y buom yn disgwyl amdano mor hir.

Cafodd y llwyddiant hwn effaith ar unwaith. Daeth cenedlaetholdeb
Cymreig yn bwysig i Lundain yn ddi-oed. Rhybuddiwyd y
Llywodraeth gan *The Times* fod yn rhaid iddi dalu sylw iddo neu
byddai mwy o seddau'n syrthio i ddwylo'r cenedlaetholwyr y tro nesaf.
Rhoddwyd y sac i Mr George Thomas a dewisodd Mr Wilson wneud
Mr John Morris, sy'n Gymro Cymraeg a chanddo gydymdeimlad â

mesur o ymreolaeth, yn Ysgrifennydd Gwladol Cymru.

Bu'r ddau genedlaetholwr ifanc buddugol, Mr Dafydd Wigley a Mr Dafydd Elis Thomas, droeon ar radio a theledu yn Llundain yn ogystal â Chymru.

Mae Plaid Cymru'n fudiad yn ogystal â bod yn blaid. Adeiladu'r mudiad yw ein gwaith pwysicaf; hyn sy'n sylfaenol; heb hyn ni bydd inni lwyddiant mawr gwleidyddol na chymdeithasol. Achub y genedl Gymreig yw ein gwaith; cenedligrwydd cyflawn yw ein nod; trosglwyddo'r gwareiddiad cenedlaethol yn ei flaen yw ein swyddogaeth.

Y Ddraig Goch, Mawrth 1974

SENEDD I GYMRU

Senedd i Gymru

Genhedlaeth yn ôl yr oedd pobl Cymru, gydag ychydig eithriadau, yn ei chael hi'n amhosibl meddwl am Gymru'n byw bywyd cenedlaethol gyda'i senedd a'i llywodraeth ei hun. Pan wynebwyd hwy gyda'r syniad fe'i caent yn od, yn ddieithr, yn ddelfrydaeth cwbl anymarferol. Yr oedd mor amlwg iddynt fod Cymru yn rhan anwahanadwy o Brydain. Onid oeddem ni'r Cymry newydd fod ysgwydd wrth ysgwydd â'r Saeson a'r Sgotiaid yn cyd-ddioddef mewn rhyfel mawr fel aelodau o un genedl fawr Brydeinig? Collai llawer eu hamynedd â'r cenedlaetholwyr a gyffyrddai'n boenus â nerf briw eu Cymreictod. Dryswyd eu hunaniaeth; gwyddent fod Cymru'n genedl ond ni ddaeth i'w meddwl y dylai ac y gallai fyw fel cenedl; y peth amlwg iddyn nhw oedd ein bod yn Brydeinwyr ac mai fel Prydeinwyr yr oedd yn rhaid i ni fyw. Math o is-genedl oddi mewn i'r genedl Brydeinig oedd Cymru. Prydain oedd piau ein teyrngarwch. Amddiffyn Prydain oedd ein dyletswydd.

Chwerthinllyd oedd y syniad o fyw dros Gymru. Cwbl annychmygadwy oedd meddwl y dylid bod yn barod i farw drosti. Perthyn i ymylon bywyd a wnâi cenedligrwydd Cymreig. Ni ddaeth i feddwl neb ond cwmni bach o genedlaetholwyr y dylai'r genedl hon ei rheoli'i hun. Ni freuddwydient mai'r endid cenedlaethol Cymreig a ddylai fod yn sail trefniadaeth economaidd, gwleidyddol a chymdeithasol ac y dylid sefydlu gwladwriaeth Gymreig. Er mwyn ceisio sefydlu ffaith cenedligrwydd Cymru ym mhennau pobl a'i chysylltu ag ymreolaeth y peintiwyd trwy'r wlad sloganau 'Rhyddid i Gymru', 'Cymru Rydd', a 'Free Wales'. Rhagorai'r un Saesneg ar y rhai Cymraeg am fod 'free' yn gallu bod yn ferf ac yn ansoddair.

Dechreuwyd ym 1949 ar gyfres o ralïau blynyddol a barhaodd am dros chwarter canrif. 'Senedd i Gymru Mewn Pum Mlynedd' oedd slogan y gyntaf ym Machynlleth; hynny er mwyn meithrin y meddwl fod eisiau sefydlu senedd yn fuan.

Fe gasglwyd yn y diwedd yn agos at chwarter miliwn o enwau ar y ddeiseb a gyflwynwyd i Dŷ'r Cyffredin gydag ychydig o eiriau gan Goronwy Roberts a'i rhoddodd wedyn yn y cwdyn wrth gefn cadair y Llefarydd. Ond, er mor ddi-ffrwt ei diwedd hi, yr oedd yr ymgyrch wedi peri i ddegau o filoedd feddwl am Gymru fel cenedl, a deffrôdd mewn llawer yr argyhoeddiad y dylai fod yn genedl ymreolus.

Bywyd Cymro, 1982

Blwyddyn o gynnydd syfrdanol Ymgyrch Senedd i Gymru

Ond, gwyddom mai prin ddechrau y mae'r gwaith heb unrhyw sicrwydd eto y bydd yn llwyddiant.

Cafwyd ergydion, megis gwaith rhai o arweinwyr y Blaid Lafur yn troi yn erbyn rhyddid i Gymru. Rhaid disgwyl ergydion. Rhaid bod yn barod i wynebu gelyniaeth. Rhaid bod yn barod i weld rhai a fu trosom yn croesi i'r ochr arall. Nid oes mudiad rhyddid wedi bod na welodd hyn yn digwydd. Gwelwyd peth o hyn er pan gychwynnodd yr ymgyrch dros Senedd i Gymru, ond gwelwyd hefyd fesur newydd a chynyddol o gefnogaeth.

Bu dylanwad yr ymgyrch ar Gymru'n fawr yn barod. Pasiwyd penderfyniadau o blaid Senedd gan gynadleddau uchaf y rhan fwyaf o'r cyrff crefyddol, a chan gyrff eraill.

Eithr bu arweinwyr Cymreig y Blaid Lafur, trwy eu hysgrifennydd Mr Cliff Protheroe, yn gwrthod cydweithredu yn yr ymgyrch dros Senedd i Gymru, gan fradychu'r addewid bendant a wnaed ddengwaith gan y Blaid honno, a chan fradychu ei gwlad hefyd.

Yn araf y daw ein rhyddid oni chynydda'r gwaith a'r aberth a wneir er ei fwyn. Nid enillodd cenedl erioed beth mor ogoneddus â'i rhyddid trwy esmwythyd, eithr trwy lafur ac aberth mawr.

Y Ddraig Goch, Awst 1950

Braslun o Hanes y Rali – Pum Mil Ar Dân

Un o ddigwyddiadau mawr y ganrif oedd y Rali Fawr a gynhaliwyd, dan nawdd Plaid Cymru, yng Ngerddi Sophia yng Nghaerdydd bnawn Sadwrn 26ain o Fedi, 1953. Daeth oddeutu 5,000 o genedlaetholwyr oddi mewn ac oddi allan i'r Blaid ynghyd, i ddatgan dan wenau'r haul eu bod am Senedd i Gymru yng Nghaerdydd.

Neges y Llywydd

Rhoddwyd cymeradwyaeth hir i Mr Gwynfor Evans, Llywydd Plaid Cymru, pan safodd ar ei draed i annerch y dorf frwdfrydig. Dywedodd ef ein bod, trwy ddod â brwydr rhyddid Cymry i Gaerdydd, yn ymosod ar brif gaer Seisnigrwydd yn ein gwlad. O ennill Caerdydd, byddem ymhell ar ein ffordd i ennill Cymru.

O un i un, deliodd y Llywydd â'r dadleuon yn erbyn y Blaid ac yn erbyn cenedlaetholdeb a ymddangosai'n gyson yn y *Western Mail*, a honnai fod yn newyddiadur cenedlaethol Cymru. Dywedodd y papur hwnnw y byddai rhoi llywodraethau i Gymru a'r Alban yn gwanhau llywodraeth gyfan yr ynys hon. Ond, nid yw'r ffaith bod gan y Swistir 22 o lywodraethau yn gwanhau dim ar lywodraeth y wlad fach honno, meddai Mr Evans.

Dywedodd fod gan Gymru yr un hawl i lywodraethu'i hun ag sydd gan bob cenedl arall, ac mai man llywodraethu, yn anad unpeth, yw prifddinas.

Gyda seindorf Ystalyfera ar y blaen gorymdeithiodd y dyrfa i Barc Cathays, llecyn y dywed traddodiad ei fod wedi'i neilltuo i fod yn safle Senedd i Gymru.

Yno, a banerwyr y 13 Sir yn hanner cylch o'i ôl, safodd Mr Gwynfor Evans i roi neges o ffydd a gobaith i'r dorf. Ac yno, diffoddwyd fflam Glyndŵr – dros dro.

Y Ddraig Goch, Tachwedd 1953

Mesur o Ymreolaeth Gerbron y Senedd

Ar y pedwerydd o Fawrth eleni, yn ystod wythnos Gŵyl Dewi, caiff
Senedd Lloegr glywed am hunanlywodraeth i Gymru.

Mesur cymhedrol iawn a ddaw gerbron, y mae'n wir, heb gynnig
trosglwyddo i Gymru reolaeth dros rai o'r agweddau pwysicaf ar fywyd
gwlad, megis materion perthynol i heddwch a rhyfel, materion tramor
a pholisi economaidd.

Ond, gan ei fod yn fesur a fyn sefydlu Senedd yng Nghymru, gyda
galluoedd deddfwriaethol pwysig, y mae lle i'w groesawu.

I Mr S O Davies, yr aelod dros Ferthyr Tudful yr ydym yn ddyledus
amdano.

Â i lyfrau hanes yn ei enw ef, a ddangosodd cyn hyn fod ynddo
wroldeb, ac a gafodd ei ddiarddel o'r Blaid Lafur Seneddol am
wrthwynebu ail-arfogi yr Almaen – yr unig Aelod o Gymru a wnaeth
yr hyn y dylsai pob un ei wneud yn yr achos hwnnw. Ar hyn o bryd y
mae ynddo'i hun yn Blaid Seneddol annibynnol Gymreig.

Pe bai ynddynt rithyn o deyrngarwch i Gymru, byddai pob Aelod
Cymreig yn ymdaflu'n benderfynol i sicrhau llwyddiant y mesur hwn,
na roddai i Gymru fwy o alluoedd, er eu pwysiced, nag sydd gan
dalaith mewn gwlad ffederal.

Pe llwyddid i orfodi'r llywodraeth i'w fabwysiadu, cychwynnid ar
gyfnod newydd yn hanes Cymru, yn llawn gobaith a phosibiliadau
mawr.

Y Ddraig Goch, Chwefror 1955

Hunanlywodraeth Lwyr

Cytunir gan bawb yn y Blaid fod rhaid iddi anelu at hunanlywodraeth
lwyr, sef statws cenedlaethol cyflawn a rydd i'w phobl, trwy
wladwriaeth Gymreig, reolaeth ar ei bywyd cartrefol. Bu sefydlu
gwladwriaeth Gymreig ac ennill sedd yn y Cenhedloedd Unedig
ymhlith prif amcanion y Blaid ers dros hanner canrif.

Yr hyn y mae'n rhaid ei ennill i Gymru yw rhyddid cenedlaethol.

Bywyd Cymro, 1982

Mae Cymru'n Deffro – Diwedd yr Ymgyrch Dros Senedd

Gwelodd 1956 ddwyn i ben waith yr ymgyrch dros Senedd i Gymru. Senedd tebyg i seneddau taleithiol Canada neu UDA a geisiai'r mudiad hwn, ond ni all neb a ddilynodd ddigwyddiadau yng Nghymru yn ystod y pum mlynedd blaenorol fethu â sylwi ar y gwahaniaeth mawr a wnaeth yr ymgyrch wrth aeddfedu'r farn gyhoeddus o blaid hunanlywodraeth.

Bu aelodau amlwg o'r pleidiau Seisnig ar lwyfan y mudiad ond er pan orffennwyd gwaith y ddeiseb ni welais hanes am yr un ohonynt yn gwneud dim dros hunanlywodraeth.

Er cyflwyno deiseb i'r Llywodraeth yn cynnwys chwarter miliwn o enwau, ni chafwyd yr un sefydliad newydd, na dim arall gan y llywodraeth, fel ffrwyth. Ac ni buasai ymddygiad Llywodraeth Lafur yn wahanol.

Ni cheir byth ddim o bwys i Gymru trwy ofyn i'r Llywodraeth Seisnig amdano. Rhaid ymladd yn wleidyddol a threchu'r pleidiau Seisnig yng Nghymru.

Y Ddraig Goch, Rhagfyr 1956

Dyhead Annelwig yw'r Cyngor Cymreig

Pan ddileodd Syr Keith Joseph gomisiwn y ffiniau mynegodd llawer eu cred fod y Llywodraeth ar fin sefydlu, neu'n ystyried sefydlu, cyngor etholedig i Gymru gyfan.

Prin bod dim sydd yn natganiad Syr Keith Joseph sy'n sail i'r gred hon, ac mae'n anodd gweld pa swyddogaeth y gellid yn briodol ei roi i gyngor etholedig. (Ac os ethol cyngor i Gymru, sut mae ei ethol? A ddisgwylid ei ethol mewn etholiad cyffredinol trwy Gymru?) Hyd y gwelaf, dyhead annelwig, ond didwyll, am ryw fath o sefydliad gwleidyddol a unai Cymru sy'n deffro'r gobaith y gallai cyngor Cymreig etholedig fod yn ymarferol a llesol.

Y Ddraig Goch, Ebrill 1964

Cymru'n Symud Rhagddi: "Ein gwaith ni yw ei chadw ar fynd i'r cyfeiriad iawn..."

Y mae'r Ysgrifennydd i Gymru bellach yn ffaith. Mae cydnabod Cymru'n uned economaidd hefyd yn ffaith. Y mae Cymru'n dechrau symud rhagddi. Ein gwaith ni yw ei chadw ar fynd, a'i chadw ar fynd i'r cyfeiriad iawn.

Medd y *Guardian*, 24 o Hydref 1964, wedi'r cyfarfod a fu rhwng yr Ysgrifennydd newydd ei benodi a gwŷr y wasg yng Nghaerdydd:

"Mr James Griffiths gave no indication of what his plans were for the principality. This has taken the Welsh Office by surprise for he has executive powers over education, housing, health and agriculture. Yet, during his consultations with senior civil servants, he apparently said nothing on how he intended to use them ... For those with whom he spoke it was something of a disappointment. His staff here are still unaware of what its duties will be."

Ein lle a'n swydd ni yw bod yn wrthblaid Gymreig effeithiol ac adeiladol. Allwn ni ddim ymddiried yn y Ceidwadwyr na'r Rhyddfrydwyr yng Nghymru i fod yn wrthblaid Gymreig. Ein swydd ni yw hon. Y mae pob gweithred sy'n cryfhau bywyd y genedl, a phob cam ymlaen yn wleidyddol ac yn economaidd, yn dwyn Cymru'n nes at ein nod ni ar ei chyfer, sef cenedligrwydd llawn.

Y Ddraig Goch, Ionawr/Chwefror 1965

Fe Ddaw Senedd

Ffaith sylfaenol mewn gwleidyddiaeth yw mai barn wedi ei threfnu, a honno'n unig, sy'n cario pwysau. Y mae gan genedlaetholdeb Cymreig rym heddiw am ei fod wedi ei drefnu.

Y casgliad rhesymol yw mai'r ffordd i gael Llywodraeth, o ba liw bynnag, i weithredu dros Gymru yw trwy grynhoi ynghyd a threfnu'r farn Gymreig mewn plaid wleidyddol. Po fwyaf y nerth sydd wrth gefn y farn hon mwyaf y sylw y cymer y llywodraeth ohono; ond ni chaiff y farn sydd ar chwâl mewn pleidiau Seisnig ond y nesaf peth i ddim sylw canys nid cenedlaetholwyr Cymreig a welir yna ond Llafurwyr,

Rhyddfrydwyr neu Geidwadwyr. Ni olyga hyn na all Cymru brysuro datblygiad polisïau Cymreig oddi mewn i'r pleidiau hyn. Y mae hon yn swyddogaeth o bwys ac o werth, er ei bod yn dibynnu am ei dylanwad ar nerth y farn annibynnol.

Y Ddraig Goch, Hydref 1966

SEFYDLU COMISIWN BRENHINOL

Senedd yw'r Ateb

Cwyd anawsterau mawr am nad oes gan Gymru hunanlywodraeth ac am fod gwleidyddion y pleidiau Seisnig am osgoi ymreolaeth. Y mae rhesymeg y sefyllfa'n arwain at y casgliad bod Senedd i Gymru'n rheidrwydd. Dianc rhag y casgliad rhesymegol hwn a wna pleidwyr Cyngor Etholedig, gan ddal fod eu Cyngor rywsut yn fwy ymarferol. Gwell o lawer fyddai iddynt wynebu'r ffeithiau a chydnabod yn wrol bod yn rhaid cael Senedd, a gorau po gyntaf.

Ni Thwyllir neb gan y Comisiwn

"Byddai'r Comisiwn yn ystyried pa gyfnewidiadau sy'n angenrheidiol yn sefydliadau canolog llywodraeth, yn eu perthynas ag amryfal wledydd, cenhedloedd a rhanbarthau'r Deyrnas Gyfunol."

Wrth siarad yn y ddadl ar y 4ydd o Dachwedd, cyfeiriodd Gwynfor Evans i ddechrau at ddehongliad unfrydol y papurau newydd o'r rheswm y tu ôl i'r comisiwn, sef mai ymateb ydoedd i gynnydd y mudiad cenedlaethol yn Sgotland a Chymru.

"Ond nid oes neb, hyd y gwelir, wedi ei argyhoeddi y bydd y Llywodraeth yn gweithredu ar sail unrhyw adroddiad, er mai hwy sy'n bwriadu sefydlu'r comisiwn hwn. Y gred yw mai rhyw 'gimic' ydyw i 'ddwyn stêm' cenedlaetholdeb Cymru a'r Alban ac i gynnig rhyw obaith y geill rhyw Lywodraeth Lafur, o bosib, ryw dro yn y dyfodol pell, weithredu mewn rhyw ffordd neu'i gilydd."

Y Ddraig Goch, Rhagfyr 1968 (Cyhoeddwyd yn Araith y Frenhines yn Senedd Westminster ar y 30ain o Hydref 1968 fod Llywodraeth Mr Wilson am sefydlu Comisiwn Brenhinol ar gyfansoddiad Prydain Fawr.)

Dyfais y Sefydliad yw'r Comisiwn

Erbyn hyn daeth yn fwy eglur, na hyd yn oed pan gyhoeddwyd y sefydlid comisiwn, mai prif bwrpas y comisiwn ar y cyfansoddiad yng ngolwg y Llywodraeth fydd darganfod yr ateb gorau i bobl Cymru a'r Alban. Yn wir nid yw'r llywodraeth wedi teimlo'n ddigon cryf dros fuddiannau Cymru i sefydlu hyd yn oed Gomisiwn Gwledig i Gymru, na Bwrdd Dŵr i Gymru na Chyngor Etholedig i Gymru.

Dyma dair o'r ffeithiau sydd wedi cadarnhau ein dehongliad cyntaf o ddatganiad y Llywodraeth:

Er y dywedir bod wythnos yn amser hir mewn gwleidyddiaeth, aeth tri mis heibio er pan gyhoeddwyd y penderfyniad, serch hynny; ni wyddom eto enwau aelodau'r comisiwn.

Rhoddir ar ddeall i ni y bydd y mwyafrif yn aelodau o'r Sefydliad Seisnig. Y mae hyn yn sen nodweddiadol ar Gymru a'r Alban. Fe gymerir yn ganiataol mai hawl Lloegr yw dyfarnu ar ddyfodol Cymru a'r Alban.

Cyhoeddwyd enw Cadeirydd y Comisiwn. Ef oedd golygydd ac ef yw Cadeirydd *The Economist*, cylchgrawn sy'n adnabyddus yng Nghymru am ei wrthwynebiad i genedlaetholdeb Cymreig a'i ragfarn gref yn erbyn iaith a thraddodiad cenedlaethol Cymru.

Y Ddraig Goch, Mawrth 1969

Gaiff ein Haelodau Seneddol rwystro Senedd i Gymru?

Dydd Mercher 31ain o Hydref, cyhoeddwyd adroddiad hir-ddisgwyliedig Comisiwn Kilbrandon ac roedd ei dri aelod ar ddeg yn unfryd y dylai Cymru a'r Alban gael eu cymanfaoedd neu eu senedd etholedig eu hunain. A bu'r unfrydedd hwn yn sioc i Aelodau Seneddol y ddwy blaid fawr yn Nhŷ'r Cyffredin fel y bu iddyn nhw dderbyn cyhoeddi'r Adroddiad gan y Prif Weinidog gyda siniciaeth a chrechwen. Roedd hynny'n gwbl amlwg i sylwedyddion gwasg a theledu Prydeinig.

Wrth lawnsio ymgyrch yng Nghaerdydd i orfodi'r Llywodraeth

i sefydlu Senedd Etholedig gyda hawliau deddfwriaethol, yn unol ag argymhellion Adroddiad Kilbrandon, dywedodd Mr Gwynfor Evans,

"Mae ymateb dirmygus Aelodau Seneddol Llundain a'r wasg boblogaidd yn ddadl gref dros hunanlywodraeth i Gymru.

Mae'r ymateb yn dangos nad yw gwleidyddion Llundain yn poeni am broblemau Cymru na'r Alban. Yr unig beth sydd o ddiddordeb dwfn iddynt yw cadw eu seddau a'u grym yn Llundain.

Dyw hyd yn oed Aelodau Seneddol y Blaid Lafur yng Nghymru ddim yn edrych ar y mater o safbwynt lles Cymru, ond yn hytrach o safbwynt plaid yn unig.

Ond mae Cymru'n genedl a rhaid cofio na fuasai'r Llywodraeth wedi sefydlu'r comisiwn yma oni bai i 16,000 o etholwyr yn Sir Gaerfyrddin orchfygu pleidiau Llundain ac anfon cenedlaetholwyr i Westminster."

Y Ddraig Goch, Tachwedd 1973

Mae Cymru ar Drothwy Ymreolaeth Seneddol

Hyd at y genhedlaeth ddiwethaf agwedd y Torïaid oedd "Nid oes y fath le yn bod â Chymru." Nhw oedd plaid yr ymerodraeth a'r statws cwo. Yng Nghymru eu pobl oedd y landlordiaid, y bragwyr, Eglwys Loegr, y Saeson a'r Cymry Seisnigedig. Crynhowyd eu hagwedd at Gymru yn eu henw swyddogol – "*The Conservative and Unionist Party.*" Yn bur sydyn, fodd bynnag, newidiodd eu hagwedd. Heddiw, yng nghanol 1973, yr hen blaid imperialaidd a cheidwadol hon sydd debycaf o ddiwygio'r drefn gyfansoddiadol gan roi mesur o ymreolaeth i Gymru. Hi sydd debycaf o sefydlu senedd Gymreig, a hynny yn nannedd gwrthwynebiad y Blaid Lafur. Dyma sefyllfa a fuasai'n anhygoel ugain mlynedd yn ôl.

Arweinir y Blaid Lafur yng Nghymru gan Mr George Thomas. Byddai dweud hynny mewn cwrdd cyhoeddus unrhyw le yng Nghymru yn peri chwerthin mawr. Efe sy'n mynnu nad oes "dim un o bob cant eisiau senedd." Anffawd iddo yw i'r arolwg a drefnwyd ar ran Comisiwn Kilbrandon gasglu bod tua 70 y cant o'r Cymry eisiau senedd. Rai wythnosau'n ôl ymostyngodd y bancwr o sosialydd mor isel â chynghori'r Prif Weinidog Torïaidd i beidio ag ystyried senedd i Gymru. Ei farn yw bod popeth yn dda yn y wlad hon fel y mae hi.

Y Ddraig Goch, Gorffennaf/Awst 1973

DATGANOLI

Sôn am ddatganoli!

Dim ond tri o fwyafrif oedd gan y Llywodraeth dros y pleidiau eraill ac ymhellach ymlaen yn y tymor lleihaodd ei mwyafrif i un. Dyna'r sefyllfa wleidyddol fwyaf gobeithiol y bûm ynddi erioed. Gwelswn 'ddirmygedig griw' y Blaid yn tyfu yn rym gwleidyddol digon mawr i orfodi'r Llywodraeth i ildio gradd o hunanlywodraeth. Gwir y byddai'r cynulliad a sefydlid yn wan ac na feddai ar ddim gallu i ddeddfu ar fwy na manion, ond credais erioed, a chredaf o hyd, nad cael galluoedd i ddeddfu sydd fwyaf hanfodol, ond cael cynulliad etholedig gan bobl Cymru a dynnai'r genedl ynghyd a rhoi iddi gyfeiriad. Y mae'n rhaid i genedl ddechrau yn rhywle i gerdded ar ffordd ymreolaeth lwyr. Ni chawn ni safle cenedlaethol llawn mewn un naid. Byddai sefydlu cynulliad a etholid gan y bobl, ac a adlewyrchai farn y wlad, ac a roddai lais i'r genedl am y tro cyntaf yn ein hanes yn ddigwyddiad chwyldroadol. Nid yw'r disgrifiad hwnnw'n rhy gryf. Am y tro cyntaf erioed byddai gan Gymru gorff cynrychioliadol a feddyliai mewn termau Cymreig. Er prinned ei alluoedd, penderfynais mai ceisio sedd yng Nghynulliad Caerdydd a wnawn i, nid cynnig am le eto yn Westminster, gan y credwn fod modd gwneud mwy dros Gymru yng Nghaerdydd nag yn Llundain.

Bywyd Cymro, 1982

Datganoli yn dod

Mae'r Llywodraeth bresennol yn ystyried mesur helaeth o ddatganoli awdurdod yng Nghymru a'r Alban.

Mae'r gohiriad yn adroddiad Crowther ar y cyfansoddiad hyd ganol 1973 yn awgrymu yr ystyrir y cwestiwn cenedlaethol yn yr Alban a

Chymru o ddifrif.

Eironig yw gweld mai'r lleiaf radical o'r ddwy Blaid Dorïaidd yn Lloegr yw'r Blaid Lafur. Cyngor Etholedig heb nerth yw'r unig beth a geisir gan y Blaid Lafur i Gymru. Rhywbeth i geisio atal twf y mudiad cenedlaethol yw'r cynnig hwn.

Gellir casglu fod posibilrwydd cryf cael mesur helaeth o ddatganoli o'r ffaith mai dyma'r polisi a awgrymir ym Mhapur Gwyrdd y Llywodraeth ar chwe sir Gogledd Iwerddon. Rhoddai hon bwerau i Senedd Gogledd Iwerddon a fyddai o werth sylweddol i Gymru a'r Alban.

Y Ddraig Goch, Rhagfyr 1972

Araith Gwynfor ar Ddatganoli

Ar ddydd Mercher y 7fed o Ebrill bu'r Uwch Bwyllgor Cymreig yn trafod Datganoli i Gymru.

Y mae'r ddadl yma o ddiddordeb byd-eang. Y mae'n ddadl rhwng canoli a datganoli.

Y mae datganoli'n golygu rhoi mwy o hawl i bobl dros eu bywydau. Dyna yw ei wir hanfod. Er mai cam bychan ofnus tuag at ddatganoli a gynigia'r Llywodraeth i ni, y mae'n gam i'r cyfeiriad iawn ac i'r graddau hynny rydym yn ei groesawu…

Ond mae hyd yn oed y cam bach pitw yma tuag at ddatganoli yn ormod i'r canolwyr ar y Dde ac yn wir ar y Chwith hefyd. Y mae canolwyr y Chwith a chanolwyr y Dde yn unol yn eu gwrthwynebiad i Gynulliad Etholedig a roddai i bobol Cymru alluoedd gwirioneddol i fod yn gyfrifol am amodau eu bywyd cenedlaethol…

Mr Kinnock: "Na!"

Y Ddraig Goch, Mai 1976

Datganoli – Araith gan Gwynfor Evans yn yr Uwch Bwyllgor Cymreig 7 Ebrill 1976

...Y mae'r Blaid Lafur yn yr Alban wedi cydsynio i ehangu'r pwerau ychwanegol a roddir eisoes i'r Alban yn ei Chynulliad...

Byddai refferendwm yn gyfle gwych i addysgu gwleidyddol, yr hyn sydd fawr ei angen yng Nghymru... Edrychwn ymlaen yn eiddgar at hyn...

Ond dibynna hyn, nid ar unrhyw lywodraeth yn y dyfodol, ond ar bobl Cymru eu hunain. Os na ddymuna pobl Cymru statws o'r fath does neb all ei wthio arnynt. Ni all Plaid Cymru wneud hynny... cyd-ddibyniaeth wedi ei seilio ar ryddid cenedlaethol a geisiwn ni. Bydd hyn yn galluogi Cymru i chwarae ei rhan fel gwlad rydd yn Ewrop a thrwy weddill y byd.

Y Ddraig Goch, Mai 1976

Galwad Gwynfor

Mae'r flwyddyn nesaf yn un allweddol i Gymru. Gallem weld y sefydliad etholedig cyntaf erioed i Gymru gyfan ar dir ein gwlad. Dim ond tyfiant Plaid Cymru a wthiodd y Llywodraeth Lafur i gario ymlaen â'n cynllun datganoli. Os yw'r senedd etholedig i fod â phwerau gwirioneddol, yn lle bod yn ddim ond siop siarad, rhaid sicrhau hyd yn oed fwy o bwysau gan Blaid Cymru.

Y Ddraig Goch, Hydref 1976

Pwyntiau Dros Ddatganoli

Gyda'r mesur datganoli wedi ei gyhoeddi ddechrau'r mis diwethaf, i ailgychwyn ar ei ffordd boenus drwy'r Senedd, fe sicrhawyd y bydd y Cynulliad yng Nghaerdydd yn brif destun trafod gwleidyddion Cymru am y misoedd nesaf.

Mae'n gynllun gwan, a sefydla Gynulliad gwannach na'r un Sgotaidd.

I'r cenedlaetholwyr byddai'r Cynulliad yn gam tuag at hunanlywodraeth lawn. Defnyddid y Gymraeg yn ogystal â'r Saesneg yn ei drafodaethau. Gwnâi Caerdydd yn gyflawnach a harddach prifddinas. Gellid disgwyl theatr a thŷ opera i ddilyn yn fuan. Bydd yn dyfnhau ymwybyddiaeth genedlaethol Cymru.

Y Ddraig Goch, Rhagfyr 1977

Neges Blwyddyn Newydd 1978

Yr hyn a rydd arbenigrwydd i 1978 yw y gall hon fod yn flwyddyn y Mesur Datganoli a'r Refferendwm. Os yw'r Llywodraeth a'r Blaid Lafur o ddifrif, gellir ennill y refferendwm yn rhwydd, ond rhaid iddynt brofi eu didwylledd trwy ddefnyddio eu holl allu mawr. Syrth yn brin iawn o'r hyn yr hoffem weld, ond y mae'n ddechreuad ar daith trosglwyddo gallu i ddwylo'r Cymry, ac y mae'n rhaid dechrau rhywbryd...

Nid oes neb na sylweddola bellach ein bod ar ganol brwydr dros einioes y genedl. Rhaid gan hynny roi cymaint o'n bywyd a'n heiddo ag y medrwn i sicrhau bod Cymru yn cael byw i'r dyfodol, i drosglwyddo i'r oesoedd a ddêl y glendid a fu.

Y Ddraig Goch, Ionawr 1978

Y Refferendwm – Gwynfor Evans yn crynhoi agwedd Plaid Cymru

... Eithr rhaid pwysleisio eto y profir didwylledd y Llywodraeth, y Blaid Lafur a'r Undebau yn y refferendwm. Os ydynt o ddifrif bydd mwyafrif mawr dros y mesur, canys y mae ganddynt hen ddigon o adnoddau i gael eu pobl allan. Pe methid yn y refferendwm y rheswm fyddai nad yw'r sefydliad Llafur o ddifrif, na ellir dibynnu arnynt i gario allan y polisi y cytunwyd arno gan bob pwyllgor, cyngor a chynhadledd yng Nghymru a Lloegr. O feddwl mor aml y bradychwyd Cymru gan y Blaid Lafur yn y gorffennol, pan oedd ymreolaeth (nid dim ond datganoli) yn rhan o'i pholisi, ffôl fyddai ymddiried gormod ynddi. Gwnawn ni'r cenedlaetholwyr ein rhan i'w helpu ond ni allwn sicrhau llwyddiant polisi llafur.

Y Ddraig Goch, Mawrth 1978

Y Blaid a'r Cynulliad – dyma'r cynnig pwysicaf erioed i wella llywodraeth Cymru

Gyda Mesur Cymru symuda'r Llywodraeth Lafur ymlaen o ddatganoli gweinyddol i ddatganoli gweithredol. Dyma'r symudiad cyfansoddiadol pwysicaf o lawer a welodd Cymru hyd yn hyn…

Syrth y polisi presennol o ddatganoli yn fyr iawn o hunanlywodraeth… O'i sefydlu byddai gan Gymru lais cryf am y tro cyntaf yn ei hanes. Gellir disgwyl hyn i ddyfnhau'r ymwybyddiaeth Gymreig ac ychwanegu at hyder cenedl…

Amod sefydlu Cynulliad yw bod pobl Cymru yn ei gefnogi mewn refferendwm. Gwyddys fod gwrthwynebwyr y Cynulliad wedi llwyddo i roi cymal yn y Mesur sydd yn gofyn am gefnogaeth 40 y cant o bawb y bydd eu henwau ar restr etholwyr. Gan hynny os na fydd mwy na 60 y cant yn pleidleisio bydd rhaid cael dwy bleidlais o blaid Cynulliad gogyfer â phob un yn erbyn. Ffordd o ddinistrio'r cynllun yw hyn ac mae wedi creu cryn ddicter.

Gan y bydd y Cynulliad yn ein barn ni yn gwneud lles sylweddol i Gymru rhaid inni gydio â'n holl nerth yn y cyfle enfawr y mae'r refferendwm yn ei gynnig i ni.

Y Ddraig Goch, Awst 1978

Yng nghinio teyrnged Mari James, gyda Cassie Davies ar y chwith, 1985

Parti Ffarwel, Neuadd Llangadog, 1984

1974

Rhiannon a Gwynfor, Parti Ffarwel, 1984

Gyda Dafydd Elis-Thomas, 1975

Noson gyntaf darlledu S4C, 1982

Cinio teyrnged i Gwynfor, 10 Mehefin 1966
yng Ngwesty'r Llwyn Iorwg, Caerfyrddin.

Gwynfor yng nghwmni aelodau Cynulliad Plaid Cymru, 1999

Gyda Ron Davies, Chwefror 2000

Cynhadledd y Blaid, Aberystwyth, 1997. Llun: Marian Delyth

Gyda Geraint Bowen, Cilmeri 1982

Llofnodi llyfr, Aberystwyth, 1971

Gyda'r teulu, Eisteddfod Llanelli, 2000

Annerch ar lwyfan Eisteddfod Llanelli, 2000

Detholiad o lyfrau Gwynfor

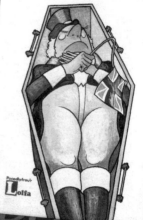

PE BAI
CYMRU'N RHYDD

GWYNFOR EVANS
DIWEDD PRYDEINDOD

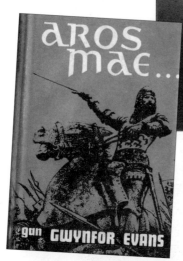

aros
mae...

gan GWYNFOR EVANS

CYMRU O HUD

geiriau Gwynfor Evans • lluniau Marian Delyth

y olfa

GWYNFOR EVANS

The Fight for
Welsh
Freedom

RHAGOM
I
RYDDID

GWYNFOR EVANS

SEIRI
CENEDL

GWYNFOR EVANS

Ar ben mynydd Garn Goch ger Bethlehem, Llandeilo, lle taenwyd ei lwch

TRAWSFYNYDD A THRYWERYN

Dim Cyfaddawd

Y mae tynged deng mil o aceri daear Meirion yn y fantol. Dibynna bywyd llawer aelwyd, a iaith a diwylliant un o ardaloedd Cymreiciaf ein gwlad ar ganlyniad y frwydr drostynt.

Hyd yn hyn ni symudodd y Swyddfa Ryfel. Yr hyn sy'n hanfodol inni wneud yn awr yw dangos yn gwbl eglur na fodlonwn ar unrhyw gyfaddawd.

Yn enw Cymru, yn nydd ei hargyfwng mwyaf, yn enw rhyddid, a sernir gan gonscripsiwn filwrol, ac yn enw heddwch a'r genhedlaeth a fygythir gan ryfel a bomiau atom a'r bacteria, gwrthwynebwn drais y Swyddfa Ryfel â'n holl nerth.

Gorfodaeth filwrol yw'r enghraifft eithaf a gwaethaf o glymu pobl Cymru a hawliau Cymru yn y wladwriaeth Seisnig; pe bai Cymru'n wasaidd dderbyn gorfodaeth filwrol yng nghyfnod heddwch, byddai'n gydnabyddiaeth bod y gwaith o gaethiwo Cymru wedi ei gwblhau. Gan hynny, ni allwn fyth ei dderbyn: rhaid ei daflu ymaith oddi arnom.

Os rhown y gwerth a ddylem ar ddyfodol ein gwlad, fe weithiwn erddo hyd flinder, nes gweled ohonom bod dyfodol Cymru'n sicr a'i rhyddid wedi ei ennill.

Y Ddraig Goch, Hydref 1948

Atal Boddi Tryweryn – Ymleddir bob Cam

Byddem yn llwfr pe caniataem i Gorfforaeth Lerpwl ddinistrio bywyd diwylliedig Cymreig yn nyffryn y Tryweryn ger y Bala, trwy foddi'r cwm.

Dengys y cyhoeddiad, a wnaed o Lerpwl, na ddeallodd y Cyngor yno ddim o gwbl beth yw natur y gwrthwynebiad yng Nghymru. Cystal yw i Gorfforaeth Lerpwl beidio â bod dan unrhyw gamsynied. Fe ymleddir y cynllun hwn bob cam o'r ffordd, a hynny gan Gymru unedig. Gan wybod na allwn fforddio colli, byddwn yn hollol benderfynol o ennill.

Y Ddraig Goch, Ionawr 1956

Rhaid Cadw Lerpwl Draw – Rali Cenedl yn y Bala

Gwnaeth Rali Fawr y Bala safbwynt cenedlaetholwyr Cymru – y tu fewn a thu allan i'r Blaid – yn gwbl eglur. Ni ellir cyfaddawdu yn y mater hwn. Disgwyliwn i Gorfforaeth Lerpwl roi'r gorau yn llwyr i'w chynlluniau i foddi Cwm Treweryn.

Y Llywydd

Nid cynt y cododd Mr Gwynfor Evans i siarad nag y cododd y miloedd yn y babell fawr i'w groesawu a rhoddi iddo gymeradwyaeth hir. Digon yw dweud ei fod ar ei orau. Dechreuodd Mr Evans â'r babell yn hollol dawel yn awr, drwy ddangos y gwrthdrawiad dychrynllyd rhwng gwerthoedd a diddordebau'r naill ochr a'r llall. Lerpwl eisiau dŵr – yn rhad. Cymru am gadw cymdogaeth Capel Celyn a phopeth sydd ynglŷn â hi. Os llwydda Lerpwl i gymryd y swm ofnadwy hyn o ddŵr, 80,000 o alwyni bob dydd, bydd yn golled enfawr a pharhaol – ni chaiff Cymru ddim oll amdano.

Pwysleisiodd Mr Evans nad yw Corfforaeth Lerpwl yn torri unrhyw gyfraith gwlad a bod hawl gan unrhyw awdurdod Seisnig i ddod yn feddiannol ar dir yng Nghymru.

"Oherwydd," meddai, "nid yw Cymru namyn rhan o Loegr. Yn wleidyddol nid yw Cymru'n bod. Pe bai gan Gymru fodolaeth wleidyddol, ni feddyliai Lerpwl weithredu yn y fath fodd. Ni allai hyn ddigwydd i unrhyw bobl a chanddynt lywodraeth eu hunain, pa mor wan bynnag fo honno.

Gall yr argyfwng hwn fod yn arwydd o ddirywiad cenedl, neu, fe all fod yn goelcerth i roi golau i'r blaid hon ac i'r genedl."

Y Ddraig Goch, Hydref 1956 – adroddiad Iorwerth Morgan

Gwersi Tryweryn (Detholiad)

Beth bynnag fydd y diwedd, y mae brwydr Tryweryn wedi rhoi rhai gwersi pwysig i Gymru. Os dysgir y gwersi hynny yn iawn, gellir dweud i'r frwydr faith dros gadw'r dyffryn hwn yn Sir Feirionnydd fod yn un o ddigwyddiadau pwysig hanes diweddar Cymru…

Yn Rhagfyr 1955 y dangosodd Lerpwl yn agored ac yn gyflawn gynllun Tryweryn. Saradodd Mrs Bessie Braddock, AS, o blaid Lerpwl ar ail ddarlleniad y mesur. Y mae hi'n aelod o Gyngor Lerpwl. Yn ei haraith dywedodd hi: "Ni phenderfynodd Lerpwl ar y lle i'w chynllun heb ymgynghori â'r rhai sy'n byw yno… Nid cerdded i mewn a wnaeth Lerpwl heb baratoi'r ffordd; ni wnaeth ddim nes cael caniatâd yn y man a archwilid… Yna, aed at Awdurdod Lleol Meirionnydd."

Stori ddychmygol am yr hyn a ddigwyddodd yw hynyna. Yn y wasg y darllenodd pobl y lle am y bwriad i foddi eu cartrefi. Ni roddodd unrhyw un sy'n byw yn y lle ganiatâd i neb a oedd yn cynrychioli Lerpwl fynd ar eu tir… Nid ymgynghorwyd â'r cynghorau lleol na'r Cyngor Sir o gwbl tra bu'r cynllun yn cael ei lunio…

O'r dechrau cyntaf, meddyliodd Lerpwl fod ganddi ddigon o rym i wthio'r cynllun i'w eithaf heb ddangos dim cwrteisi; ac mae'r hanes yn dangos mai felly yr oedd. Ni raid i Awdurdod Seisnig, sydd eisiau meddiannu adnoddau Cymru, ddangos unrhyw gwrteisi; y mae ganddo ei Lywodraeth y tu ôl iddo…

A phan gynhaliodd Plaid Cymru ei rali genedlaethol ym Medi 1956 ar y mater hwn, yr oedd yn gwbl eglur y byddai'r gwrthwynebiad i gynllun Lerpwl yn angerddol trwy Gymru. Pasiodd mwyafrif y cynghorau (125 ohonynt) benderfyniad yn cefnogi amddiffyn

Tryweryn a gwnaed hynny hefyd gan gannoedd o gyrff crefyddol a diwydiannol ac undebau llafur…

Fe wnaeth amddiffyniad Cymru, a grym ei dadl, eu hargraff yn Lerpwl; gwelwyd hynny droeon. Bu i Gyngor y Ddinas, y cyngor a wrthododd dderbyn dirprwyaeth genedlaethol, gytuno i ganiatáu i Lywydd Plaid Cymru ei annerch – digwyddiad na fu ei debyg erioed o'r blaen. Pan gymerwyd pleidlais yn y Cyngor ar gyflwyno'r mesur i'r Senedd, dim ond 90 oedd o'i blaid allan o 160, er y gwyddai'r holl Gyngor fod yn rhaid wrth fwyafrif o'r holl aelodau cyn y câi'r mesur fynd yn ei flaen. Oherwydd eu bod yn erbyn y cynllun, ac i ddangos eu gwrthwynebiad, y peidiodd y mwyafrif o'r 70 arall bleidleisio.

Peth arall arwyddocaol oedd yr anhawster a gafodd Cyngor Lerpwl i gasglu digon o bobl ynghyd i Gwrdd Dinas er mwyn cael digon o fwyafrif yno i yrru'r mesur yn ei flaen. Dri chwarter awr ar ôl amser dechrau'r cyfarfod, yr oedd mwyafrif yn erbyn y cynllun i bob golwg. "Yna," medd gohebydd Lerpwl y *Welsh Nation*, "yn rhyfedd iawn, daeth llif o glercod a gweithwyr swyddfa i mewn, y mwyafrif ohonynt yn weithwyr y Cyngor ei hun. Yr oedd yn amlwg i lawer ohonynt ddyfod ar frys."

Pan ofynnwyd i'r Henadur John Braddock, a oedd yn y gadair, pam y daeth cynifer o weithwyr y Cyngor yno, ac oni wnâi ef eu gyrru'n ôl at eu gwaith, atebodd nad oedd ef, "yn cymryd y cyfrifoldeb am y diddordeb deallus a gymerai gweithwyr y Cyngor ym materion y ddinas." Dim ond trwy bacio'r cyfarfod yn y dull hwnnw y llwyddodd y Cyngor i gael mwyafrif tros y mesur. Ychydig fisoedd ynghynt yng Nghymru, teithiodd miloedd o bobl i'r Bala, rai ohonynt gannoedd o filltiroedd, er mwyn gwrthdystio yn erbyn cynllun Lerpwl. Yn Lerpwl ei hun, ni allai'r Cyngor gael dau gant i deithio hanner milltir i gefnogi'r cynllun.

Nid yn Lerpwl yn unig y teimlid nerth y gwrthwynebiad. Yr oedd y gwrthwynebiad hefyd yn bygwth gorfodi'r Aelodau Seneddol i wneud rhywbeth. Ac yma, wynebwn un o'r gwersi pwysicaf sydd gan frwydr Tryweryn i'w dysgu i Gymru…

Pan gyrhaeddodd y frwydr ei heithaf, yr oedd hynny o ysbryd ymladd a fu yn yr Aelodau Seneddol Cymreig wedi ymadael â hwy; ac nid oedd y fintai drist a ymlusgai mor ddianrhydedd i'r Lobi Nacaol yn Nhŷ'r Cyffredin ar 31 o Orffennaf ond criw nodweddiadol o wleidyddiaeth y pleidiau Seisnig yng Nghymru. Fe ganiatawyd i Fesur Boddi Cwm Tryweryn gael ei drydydd darlleniad heb hyd yn oed ddadl, a heb i un llais gael ei godi yn ei erbyn… A bu felly. Erbyn pum munud wedi saith yr oedd Mesur Lerpwl yn ddeddf. Llwfrdra cynllunedig ydoedd. Yn y frwydr bwysicaf i Gymru ers cenhedlaeth, nid oedd gan ein cenedl unrhyw blaid yn San Steffan i'w hamddiffyn. Mintai lac o bersonau unigol yw ei Haelodau Seneddol, a difethir eu gwerth hwy i Gymru gan eu teyrngarwch i bleidiau Seisnig…

Gwnaeth brwydr Tryweryn brofi'n gwbl eglur na all Cymru fyth ddibynnu ar y pleidiau Seisnig i amddiffyn ei buddiannau. Oni allant wneud hynny mewn achos mor eglur â hwn, pa bryd y gwnânt hynny? Pa mor haerllug bynnag y bo ymosodiad ar Gymru, a pha mor anghyfiawn bynnag y bo, fe fydd y pleidiau Seisnig yn myned o'r tu arall heibio…

Fe'i gwnaed yn amlwg mai ar blaid annibynnol Gymreig yn unig y gellir dibynnu i amddiffyn Cymru a'i hawliau, a'i gwasanaethu'n effeithiol…

Unwaith eto, ym mater Tryweryn, y mae Cymru wedi uno i gyflwyno ei safbwynt cenedlaethol i'r Senedd hon ac unwaith eto fe'i diystyrwyd mewn modd haerllug. Y *Western Mail* ddywedodd trannoeth pasio'r mesur yn y senedd: "Yn ôl pob golwg, dangoswyd y dirmyg llwyraf tuag at farn Cymru o du Corfforaeth Lerpwl a hefyd o du'r Senedd…"

Dim ond gweithredoedd gwleidyddol radical a all ei hatal. Ystyr gweithredu radical yw gweithredu'n annibynnol gan Gymru yng Nghymru. Golyga weithredu i ennill rhyddid cenedlaethol…

Nid oes gan Gymru yn awr y gallu i ddatblygu ei hadnoddau'n effeithiol; ac nid oes ganddi'r hawl i'w hamddiffyn hwy rhag eu hysbeilio. Dyna beth o'r pris y mae'n ei dalu am fod yn rhan anwahanol o Loegr. Heb lywodraeth ei hun, ei chyfran hi'n aml yw bod yn ysglyfaeth barod a diymadferth. Fe ellir bod yn sicr i Lywodraeth Lloegr ofalu bod dinasoedd Lloegr yn cael yr adnoddau, ac ni chaiff bywyd Cymru ddim sefyll ar eu ffordd.

Daw Tryweryn yn air o arwyddocâd tyngedfennol i Gymru. Efallai y daw'n air mor adnabyddus ag ydyw'r gair Cwisling:

Pan fo cenedl fach heb ei Senedd ei hun, y mae'n bosibl i wlad fawr gyfagos ei Thrywerynu hi fel y myn, pa mor gryf bynnag fo'r gwrthwynebiad i hynny o fewn y genedl fach. Yn wir, y mae'n bosibl i genedl fawr Drywerynu cenedl fach ddilywodraeth nes ei lladd. Oni wna'r genedl fach ennill y sefydliadau gwleidyddol sy'n hanfodol i genedl, sut y gall hi rwystro hynny rhag digwydd?

(Trywerynu: ysbeilio tir neu adnoddau naturiol cenedl fach, neu ddifetha ei bywyd cymdeithasol neu ei hiaith, er budd cenedl fwy, neu ryw ran ohoni.)

Rhagom i Ryddid, 1964

Y PLEIDIAU SEISNIG

Cymru'n marw heb odid ddim ymdrech

Ym 1925 yr oedd Cymru'n marw heb odid ddim ymdrech i'w chadw'n genedl. Yr oedd ei phobl yn amddifad o benderfyniad i fyw bywyd cenedlaethol; ni chynhalient yr un mudiad cryf i ymladd drosti'n wleidyddol neu'n ddiwylliannol. Codasai Cymru Fydd yn sydyn yn niwedd y ganrif cynt, a chyda Lloyd George ar y blaen magodd rym am ychydig o flynyddoedd. Fflachiodd drwy'r wybren Gymreig ac yna darfu megis seren wib. Gyda Chymru Fydd diflannodd hefyd genedlaetholdeb ac ymhen ychydig radicaliaeth y Rhyddfrydwyr Cymreig. Cymerwyd ei lle gan y Blaid Lafur Annibynnol ysbrydlon, ond disodlwyd honno'n fuan gan y Blaid Lafur Brydeinig a adwaenwn ni heddiw. Er bod peth ewyllys da yn aros ymhlith Cymry unigol ni feddant ar y gwytnwch na'r dyfalbarhad sy'n ofynnol i greu plaid neu gymdeithas gref a dylanwadol. Y gwir yw bod y genedl ers tro wedi ei meddiannu gan ewyllys nid i fyw ond i farw.

Rhifyn Dathlu 1925 – 1975 Plaid Cymru o'r Ddraig Goch, Awst 1975

Gau addewidion Y Blaid Lafur yn 1946 yn twyllo Cymru

Gwnaeth y Blaid Lafur ddigon o benderfyniadau ar faterion Cymreig yn ystod naw mis cyntaf ei thymor i ddangos ei hagwedd tuag at fywyd cenedl Cymru.

Cyn bwrw golwg dros rai ohonynt byddai'n fuddiol i ni gofio am agwedd y Blaid Lafur cyn iddi ffurfio Llywodraeth o gwbl, pan ddywedai Ramsay Macdonald ei fod ef bob amser wedi pleidio ymreolaeth i Gymru yn ogystal ag i Iwerddon, ac y dylai hyn fod "yn un o'r mesurau ad-drefnu mwyaf pwysig wedi'r rhyfel," a phan gyhoeddodd Arthur Henderson y gallai Cymru, o gael ymreolaeth, fod yn "Utopia Fodern." Yn yr ystyr hwn y galwodd Cynhadledd y Blaid Lafur yn 1918 am ymreolaeth ar y patrwm ffederal.

Addewidion Tebyg

Clywsai sylfaenwyr Plaid Cymru am addewidion tebyg ers hanner canrif cyn hynny gan Blaid Seisnig arall, ond er i Gymro ei harwain pan oedd yn anterth ei nerth, ni chyflwynwyd hwy. Un o'r rhesymau cryfaf dros greu plaid annibynnol Gymreig oedd mai dyma'r unig ffordd i Gymru ennill cyfiawnder a rhyddid.

I baratoi gogyfer â'r sefyllfa anodd wedi'r rhyfel y sefydlwyd y Pwyllgor Ymgynghorol Ad-drefnu Cymreig. Pan gyhoeddwyd adroddiad cyntaf y pwyllgor cododd gobeithion Cymru yn uchel. Fodd bynnag, bu'n rhy "genedlaethol" Gymreig i Lywodraeth Lafur Seisnig a dewiswyd anghofio'r cwbl amdano. Claddwyd yr adroddiad yn Whitehall, ond ni rwystrai hynny weinidogion fel Syr Stafford Cripps rhag galw am ragor o adroddiadau pan fyddent ar ymweliad â Chymru. Profodd ei hun yn ffordd hwylus o gadw'r Cymry'n dawel.

Rhoes y Pwyllgor Ymgynghorol ei fendith ar y syniad o Gyngor Economaidd i Gymru, ond ni fyn y Llywodraeth ddim o hyn ychwaith. Dywedodd Mr Herbert Morrison wrth yr Aelodau Seneddol Cymreig na ellid mewn unrhyw fodd ystyried Cymru yn uned economaidd. Y casgliad yw nad oes dim cynllun economaidd i fod gogyfer â Chymru fel gwlad o dan y Llywodraeth Lafur.

Nid oes ganddi gynllun gwleidyddol ychwaith. Buwyd yn crio am Ysgrifennydd i Gymru ers trigain mlynedd ond, o'r diwedd, "Y mae'r bwgan hwnnw," meddai Mr Aneurin Bevan yng Nghaerdydd ar 25ain o Fawrth, "wedi mynd."

Ni ellir mesur y niwed a wna pum mlynedd o Lywodraeth Lafur i fywyd y genedl hon. Ond, ni bydd yn ddrwg i gyd os darbwyllir y Cymry na chaiff eu gwlad hwy byth gyfiawnder dan lywodraeth Plaid Seisnig, ac na ddechreuir parchu ei bywyd hyd nes y myn gael Plaid Annibynnol Gymreig i'w chynrychioli.

Y Draig Goch, Mai 1946

Mae'r Blaid Lafur yn credu ym "Mhrydain"

Ni ddengys y Blaid Lafur ronyn mwy o ddiddordeb yng Nghymru na'r Torïaid. Yn ofer y chwilir yn ei llyfryn polisi, *Labour Believes in Britain,* am gymaint â chyfeiriad at Gymru. Cyhoedda ei chred ym Mhrydain; ni chred ddim yn y genedl Gymreig. Rhoes iddi bwyllgor ymgynghorol cwbl ddiwerth ac yna anghofiodd amdano. Nid yw Cymru yn bod iddi mwyach. Dros Brydain y mae ei sêl.

Nid oes genedl Brydeinig yn bod. Y mae tair cenedl yn byw yn yr ynys hon – y Saeson, y Sgotiaid a'r Cymry. Y genedl Gymreig yw ein cenedl ni. Peth elfennol iawn i'w ddweud, ond ni wawriodd y ffaith eto ar y Sosialwyr a'r Torïaid Cymreig sy'n gwadu eu cenedligrwydd er mwyn pleidiau Seisnig. Ni chred y Blaid Lafur yng Nghymru. Y mae ei llywodraeth yn ystod y pedair blynedd diwethaf a'i pholisi at y pum mlynedd nesaf yn tystio'n huawdl i hynny. Cred ym Mhrydain, sydd i bob pwrpas ymarferol mewn gwleidyddiaeth yn air arall am Loegr.

Y Ddraig Goch, Gorffennaf 1949

Gaitskell a Butler yn Mygu Rhyddid Llafar

Yn Rali Fawr y Blaid yn Aberystwyth, 15ed o Hydref, dywedodd Gwynfor Evans fod, "Gaitskell (ar ran y Blaid Lafur) a Butler (ar ran y Torïaid) wedi gwrthod yn gyndyn caniatáu chwarae teg i'r Blaid ar donfeddi'r BBC a'r cwmnïau teledu annibynnol.

Gwn y ffeithiau, ac un ffaith yw mai arweinwyr Llafur (er llawenydd i'r Torïaid) a fu'n gyfrifol am bwyso am y ban ar Blaid Cymru, a hwy sy'n fwyaf cyndyn i'w barhau.

Yr oedd y defnydd a wnaeth y Blaid Lafur, ac a wna o hyd o'i gallu i fygu cenedlaetholwyr Cymru yn dangos mor fas ei chred yn hanfod gweriniaeth."

Y Ddraig Goch, Tachwedd 1960

Ffars yw 'Bwrdd Dŵr' y Blaid Lafur medd Gwynfor Evans

Yn fy niniweidrwydd credais fod Llafur o ddifrif am sicrhau budd i Gymru o'r dŵr a red yn ei nentydd a'i hafonydd, ond y mae'r gwir truenus newydd ei ddadlennu gan Mr John Morris, AS, mewn rhaglen deledu ar y cwestiwn.

Pedwar peth a roddai werth i Fwrdd Dŵr Cymreig, sef:

• y gallu i benderfynu pa ardaloedd y dylid eu datblygu, a hynny heb niwed cymdeithasol nac amaethyddol;

• awdurdod i ddatblygu'r ardaloedd hyn ei hun;

• meddiant ar yr holl ymgymeriadau dŵr a sefydlwyd yng Nghymru eisoes, ynghyd â'r rhai a sefydlir yn y dyfodol; golygai hyn wladoli dŵr yn yr un modd â thrydan, nwy a glo;

• hawl i werthu'r dŵr ac i ddefnyddio'r elw er mwyn cryfhau bywyd y siroedd a ddioddefodd gymaint gan ddiboblogaeth lle y ceir dŵr.

Ond, er mwyn parhau'r sefyllfa bresennol sydd mor broffidiol i ddinasoedd Lloegr mae'r Llywodraeth yn gwrthod sefydlu Bwrdd Dŵr. Er mwyn hyn hefyd y mae newydd ddwyn trwy'r Senedd ddeddf sy'n rhoi'r rhan fwyaf o adnoddau dŵr Cymru o dan reolaeth Seisnig awdurdodau canolbarth Lloegr. Am eu bod yn dibynnu llawer mwy ar gefnogaeth Seisnig nag ar gefnogaeth Gymreig y cefnogwyd y ddeddf hon gan y Blaid Lafur a'r Blaid Ryddfrydol.

Amcan y ddeddf yw rhoi i awdurdodau Seisnig megis Birmingham a Lerpwl a'r trefydd mawr o'u cwmpas reolaeth ar brif adnoddau dŵr Cymru, a'r gallu i'w cymryd yn rhad ac am ddim.

Amcan Bwrdd Dŵr Cymreig yw rhoi rheolaeth yr adnoddau hyn mewn dwylo Cymreig. Nid oes modd cysoni'r amcanion hyn.

Yr hyn na sylweddolais oedd bod y Pleidiau Seisnig oll, a'r Cymry yn eu plith, wedi derbyn y ddeddf a'i hamcanion yn fodlon.

Y Ddraig Goch, Rhagfyr 1963

Yn Awr at Waith

Tra ysgrifennaf hwn y mae'r clychau'n canu am fuddugoliaeth fawr i'r Blaid Lafur. A ydynt hefyd yn canu cnul Cymru? Os nad ydynt, nerth Plaid Cymru yw'r rheswm. Yn niwedd 1964 cyhoeddodd rhai o arweinwyr y pleidiau Seisnig yng Nghymru fod y Blaid "ar ei gwely angau". Grym eu dymuniad a'u camarweiniodd. Gwelir ei gwytnwch wrth gymharu'r sefyllfa bymtheng mlynedd yn ôl â heddiw. Ymladdodd bedair sedd yn 1951 a chael deng mil o gefnogwyr; ym 1966 cael trigain mil o gefnogwyr mewn ugain sedd, er bod yr etholiad yn cael ei ymladd yn bennaf ar deledu.

Gan y Torïaid y cafodd Cymru'r gydnabyddiaeth fwyaf – Gweinidog Materion Cymreig, Gweinidog Gwladol, Uwch Bwyllgor, Adran Gynllunio mewn Swyddfa Gymreig, cydnabod Caerdydd yn brifddinas ac yn y blaen. Yn yr un cyfnod rhoddwyd Ysgrifennydd i Gymru a Bwrdd Cynllunio yn rhaglen y Blaid Lafur am yr un rheswm: gwaith Plaid Cymru a esbonia'r gweithgareddau hyn.

Rhaid i Blaid Cymru ei phrofi ei hun yn wrthblaid Gymreig effeithiol ac adeiladol, gan bwyso'n drymach am reolaeth Gymreig. Y pedair blynedd nesaf hyn yw'r pwysicaf a llawnaf eu posibiliadau a welodd Plaid Cymru erioed.

Y Ddraig Goch, Mai 1966

Daliwn ar ein Cyfle – Her Gwynfor i'r Ysgol Haf

Ni allaf lai na theimlo'n flin dros rai cyfeillion da i Gymru oddi mewn i'r Blaid Lafur a hwythau wedi cael eu bychanu'n annioddefol gan weithrediadau'r Llywodraeth yng Nghymru yn ddiweddar. Wrth gwrs fe allant ailymuno â ni – ailymuno â ni, rai ohonynt. Fe estynnwn ni groeso cynnes iddynt a gwneud iddynt deimlo eu bod wedi dod gartref. Fe anghofiwn raniadau'r gorffennol a chydweithio gyda hwy i greu i Gymru ddyfodol gwych.

Erbyn hyn fe gafodd y Blaid Lafur dair blynedd i ddangos beth all hi ei wneud. Mae un peth yn amlwg a chlir – waeth pa mor ddrwg i Gymru oedd llywodraeth y Torïaid, y mae record Llafur yn waeth.

Mae mwy a mwy o bobl yn colli eu gwaith yn yr hen ddiwydiannau.

Er bod Cyngor Llafur Cymru, Undeb Llafur Cymru, y Torïaid, y Rhyddfrydwyr a Phlaid Cymru'n cefnogi sefydlu Cyngor Etholedig i Gymru fe'i gwrthodwyd gan y Cabinet.

Mae pobl Cymru yn penderfynu y dyddiau hyn eu bod am sefydlu gwladwriaeth Gymreig. Eithr cyn gwneud hynny, y mae'n aros un dasg. Cyn y cawn ni hunanlywodraeth, mae'n rhaid trechu'r pleidiau Seisnig yng Nghymru. Dyma'n gorchwyl gwleidyddol cyntaf ni yn awr. Nid y tu arall i Glawdd Offa y mae'r gwrthwynebiad i ryddid Cymru, ond yma yng Nghymru ei hun, ymhlith pobl Cymru, ac wedi ei drefnu o fewn y pleidiau Seisnig yng Nghymru.

Y Ddraig Goch, Medi 1967

Y Rhydd-Fradwyr

Pe bai'r Blaid Lafur wedi cyflawni ei pholisi Cymreig buasai gan Gymru Senedd ers llawer blwyddyn, ac o ganlyniad byddai ei chyfenw yn llawer iachach, yn foesol, yn gymdeithasol ac yn economaidd.

Pam y cefnodd Llafur ar y polisi Cymreig?

Daeth y trobwynt pwysicaf rwy'n credu ym 1931. Ym 1928 roedd ei Chynhadledd Flynyddol wedi cadarnhau ei hymlyniad wrth hunanlywodraeth Gymreig. Ffurfiodd lywodraeth ym 1929 a syrthiodd yn 1931. Yn yr etholiad cyffredinol y flwyddyn honno cafodd y Blaid Lafur ei dileu bron yn llwyr, ond ni chollodd yr un sedd yng Nghymru. Sylweddolodd y byddai colli ei charfan Gymreig yn ei gwanhau'n fawr yn Lloegr ac yn lleihau ei gobaith o ffurfio llywodraeth. Ni byddai Llywodraeth Lafur yn bod heddiw oni bai am yr Aelodau Seneddol Cymreig, canys ni buasai Llywodraeth Lafur ym 1964 pan oedd y mwyafrif yn bump.

Yr ystyriaeth hyn a wnaeth i'r Blaid Lafur benderfynu gollwng hunanlywodraeth Gymreig o'i rhaglen.

Y Cymry yn y Blaid Lafur yn unig a gafodd y gorchwyl anhyfryd o aberthu lles eu gwlad er mwyn plaid, a honno'n blaid Seisnig.

Y Ddraig Goch, Chwefror 1967

Tyfodd y Blaid Lafur i fod yn Blaid Geidwadol – Gwynfor Evans

Bu'r Blaid Lafur yn blaid sy'n cefnogi undod Prydeinig ers cenhedlaeth bellach, ond erbyn hyn fe dyfodd yn Blaid Geidwadol hefyd.

Mae'r Blaid Lafur a'r Blaid Dorïaidd fel ei gilydd wedi gwrthsefyll unrhyw fesur o hunanlywodraeth i Gymru, ac fe brofodd y Llywodraeth Lafur ddiwethaf ei bod hi'r un mor geidwadol â'r Torïaid.

Roedd ei pholisïau hi'n rhai ceidwadol ym mhob maes – llaeth i blant ysgol, taliadau am bapurau meddyg am ddannedd gosod ac am sbectol; ar fateriaeth undebaeth llafur, llywodraeth leol, y Farchnad Gyffredin; trwy greu diweithdra a chwalu 75,000 o swyddi i ddynion yng Nghymru, uno ffermydd a chefnogi America yn Vietnam a Nigeria yn erbyn Biafra a thrwy ychwanegu £450 miliwn y flwyddyn at gostau arfau milwrol.

Dyma ansawdd sylfaenol Torïaeth ac yn hollol wrthgyferbyniol i radicaliaeth.

Y Rhyddfrydwyr Cymreig

Un o'r anawsterau mawr oedd cael yr aelodau seneddol Rhyddfrydol i ymddangos ar lwyfan y mudiad 'Senedd i Gymru'. Er bod y Rhyddfrydwyr yn cymryd arnynt eu bod o blaid senedd i Gymru, ni siaradodd Clement Davies, Hopkin Morris na Roderick Bowen gymaint ag unwaith ar lwyfan y mudiad. Onid yw hyn yn nodweddiadol o'r Rhyddfrydwyr Cymreig na chlywodd neb sôn amdanynt yn ymladd dros ddim y ganrif hon?

Teip 'y cystal Cymro â neb' fu'r Rhyddfrydwyr nodweddiadol, sentimental ei Gymreictod yn anwylo Cymru fel bro ac yn ei bradychu fel cenedl' ys dywedodd Pennar Davies. Nid ymladdant dros Gymru byth. Siaradaf yn llym am y Rhyddfrydwyr Cymreig am fod llawer ohonyn nhw'n honni eu bod yn Gymry mawr. Ni honna'r Torïaid ddim byd tebyg i hyn. Ni chymerodd y Torïaid erioed arnynt gredu y dylai Cymru fyw fel cenedl. Gwrthwynebasant bob cam ymlaen. Gwyddom ble y safant hwy.

Y Ddraig Goch, Ionawr 1973

TRECHU ANAWSTERAU

Anawsterau'n Fawr, ond y Cyfle'n Fwy – y Llywydd

Ar Ŵyl Ddewi eleni, y gyntaf wedi diwedd y rhyfel, meddyliwn gyda theimladau cymysg am y chwe blynedd diwethaf yng Nghymru.

Gadawsant eu hôl yn amlwg ar fywyd ein gwlad, ond buasai'r difrod yn llawer gwaeth oni bai am yr ymdrech a fu i'w gwarchod.

Oherwydd llafur y rhai a'i cyfrifodd yn anrhydedd i amlygu eu teyrngarwch iddi trwy'r blynyddoedd blin, y mae mwy o ynni ym mywyd Cymru heddiw nag oedd ar ddiwedd y Rhyfel Byd Cyntaf. Nid yn unig y mae ganddi yn awr fudiad cenedlaethol nad oedd ganddi y pryd hynny, ond y mae'r mudiad hwnnw'n gryf ac yn cynyddu.

Pan gyfanna Cymru ei rhengoedd, nid oes dim a all atal ei hymdaith tuag at ryddid. Y mae'r anawsterau'n fawr ond, y mae'r cyfle'n fwy. Gyda holl ddyfodol Prydain a'i hymerodraeth yn y pair, gall ewyllys diwyro sicrhau i Gymru ei lle fel cenedl rydd waeth pa drefn fydd yn ein hwynebu.

Y Ddraig Goch, Mawrth 1946

Argyfwng y Genedl – Anerchiad y Llywydd yn yr Ysgol Haf

Y mae'r sefyllfa wleidyddol yng Nghymru o dan gysgod dwy ffactor:

i) Yr argyfwng cenedlaethol cynyddol

ii) Tebygrwydd mynediad Lloegr i'r Farchnad Gyffredin.

Y mae parhad y genedl Gymraeg ei hun bellach yn amheus a dyma bedair enghraifft o'r ffordd y bygythir bodolaeth Cymru'r genedl:

a) Y cwymp ym mhoblogaeth chwech o'n siroedd Cymreiciaf yn ystod y deng mlynedd diwethaf.

b) Y cwymp trychinebus yn rhif y plant Cymraeg yn Sir Gaerfyrddin o 82 y cant ym 1936 i 45 y cant ym 1960.

c) Bwriad dinas Seisnig fawr i 'Drywerynu' ardal arall yng nghanol Cymru.

ch) Cynllun i blannu Birmingham-y-môr ym Meirionnydd Gymraeg. Gwelir ymddatodiad Cymru ar gynnydd am nad oes ganddi hunanlywodraeth. Heb senedd nid oes i Gymru ddyfodol. Fel y mae pethau, y mae ei dinistr fel cenedl yn anorfod.

Erbyn hyn, y mae Lloegr ei hun yn debyg o ymuno â'r Farchnad Gyffredin yn Ewrop. Paham, ynteu, na all Cymru ymuno hefyd fel endid cenedlaethol ar yr un math o delerau?

Y Ddraig Goch, Hydref 1961

Neges Blwyddyn Newydd

Cyfnod Duaf Cymru yn Dod i Ben

Mae'r wlad yn ad-ennill ei hunan-hyder. Myn rhai o weision gorau'r genedl Gymreig, rhai a aeth ymhell i'r canol oed neu i henaint, fod Cymru wedi dirywio y tu hwnt, bron, i adferiad. Adlewyrchir eu hanobaith gan y polisïau cymdeithasol, addysgol a gwleidyddol a anogir ganddynt.

Gweithredu ymroddgar, cyson, trefnus, disgybledig, gan gorff cynyddol o Gymry sy'n ffyddlon i'w gilydd ac yn cydymdrechu i ennill rheolaeth dros brif amodau eu bywyd cenedlaethol – hynny'n unig a ddwg genedl drwy'r argyfwng i fywyd iach. Gall corff fel hwnnw lwyddo: ni lwydda dim arall. Swyddogaeth y corff hwnnw sydd i Blaid Cymru, a gweithia hi mewn sefyllfa fwy gobeithiol na'r un a welodd neb a aned yn yr ugeinfed ganrif.

Dywedwn i fod Cymru wedi cyrraedd ei man isaf tua chwarter canrif yn ôl. Rywle tua'r adeg honno dechreuodd y dirywiad arafu. Dechreuodd ychydig bach o bobl, dan ddylanwad y cwmni egnïol o genedlaetholwyr, fagu meddwl cenedlaethol ar faterion pwysicach nag arwydd Cymreig ar faner frenhinol.

Cyfrannodd mwy nag un mudiad i'r gwellhad hwn, ond Plaid Cymru a wnaeth fwyaf i feithrin meddwl ac ewyllys genedlaethol. Wrth gwrs, y mae nerth enfawr yn y sefydliadau Seisnig yng Nghymru o hyd, ond yn raddol y mae Cymru'n magu meddwl cenedlaethol. Os cymdeithas o bobl sy'n ymdeimlo â'u cenedligrwydd yw cenedl, y mae cenedligrwydd Cymru yn datblygu y blynyddoedd hyn. Fel yr â'r datblygiad hwn rhagddo, meithrina'r Cymry fwy o deyrngarwch i'w gwlad, ac wedyn, o angenrheidrwydd, rhoddant heibio'r pleidiau a gafodd eu cefnogaeth yn y gorffennol, gan droi i gryfhau yr unig blaid sy'n rhoi mynegiant i'r teyrngarwch sylfaenol hwnnw.

Y Ddraig Goch, Ionawr 1963

Dyfodol Braf i'r Genedl Gymreig

Rydym yn hyderus yr enillwn y dydd a bod dyfodol braf yn wynebu'r genedl Gymreig. Rhaid i'n gwaith gael ei gyflawni ac rydym yn benderfynol o'i gyflawni."

Dywedwyd hyn yn Ysgol Segontiwm, gan Gwynfor Evans, Llywydd Plaid Cymru wrth agor yr Ysgol Haf ar yr ail o Awst, 1963.

"Mae ochr galonogol hyd yn oed i'r ymosodiadau cynyddol ar Blaid Cymru sy'n amlwg yn y pleidiau Seisnig. Ni fydd pobl yn ymosod ar blaid nad yw'n cyfrif dim. Yn ystod y flwyddyn fe'n galwyd yn Gomiwnyddion, yn Dorïaid, yn dorf o heddychwyr ac yn haid o herwyr IRA. A'r cyfan hyn am ein bod yn blaid annibynnol o Gymry sy'n gweithio dros Gymru," meddai Mr Evans.

"Drwy ddal at y gwaith er diced pob dilorni mae Plaid Cymru wedi peri chwyldro tawel yng Nghymru. Mae wedi gwneud Cymru yn ganolbwynt meddwl gwleidyddol a gweithredu gwleidyddol degau o filoedd o bobl Cymru. Am fod cynifer mwy o bobl yn meddwl yn awr yn nhermau Cymru mae'r symud i gyfeiriad ymreolaeth yn dod yn ddi-droi'n ôl.

Y Ddraig Goch, Medi 1963

Neges Gŵyl Ddewi 1967

Mae Rhyddid yn y Golwg

Tyfiant, wrth gwrs, oedd hanes 1966. A llwyddiant eithriadol. Wedi blynyddoedd o frwydro yn erbyn pob math o ormes, agored a chudd, gan ein Llywodraethwyr, a gwaseidd-dra marwol yn ein mysg ein hunain, ar un diwrnod braf yng Ngorffennaf fe dorrwyd y cyntaf o'r cadwynau. I etholwyr Sir Gaerfyrddin y mae'n rhaid i ni i gyd ddiolch am hyn. Eu ffydd a'u gwroldeb hwy a roddodd gyfle i unig blaid wleidyddol Gymreig lefaru yn Senedd Llundain.

Er ein bod o dipyn i beth yn gorfodi'r Llywodraeth i symud – i feddwl fwyfwy am Gymru fel uned, i atgyfnerthu'r Swyddfa Gymreig, i ymboeni ychydig mwy am safle'r iaith – y mae'n rhaid cynyddu'r pwyso a'r gwasgu, a hynny'n fuan.

Yr wyf wedi gweld yn gliriach nag erioed er pan wyf yn San Steffan, nad o Lundain y mae rheoli Cymru. Nid oes gan unrhyw Lywodraeth Lundeinig, waeth beth fo'i lliw, ddim diddordeb ynom fel gwlad a chenedl.

Y Ddraig Goch, Mawrth 1967

RALÏAU

"Mae Ysbryd Rhyddid Eto'n Fyw" – Rali Fawr Machynlleth

Aeth Rali Machynlleth heibio. Diwrnod i'w gofio fydd Hydref y cyntaf, 1949. Byddai'n anodd curo Machynlleth fel man cyfarfod i'r Gymanfa hon.

Ysbryd Rhyddid

Rhoes Gwynfor Evans fynegiant croyw i nod ac ysgogiad y Rali:

"Mae ysbryd rhyddid eto'n fyw ..." meddai. "Bellach gallwn weld yn glir mai ynghlwm wrth ein cenedligrwydd yr oedd ein gobaith mwyaf. Nid nod, eithr cyfrwng, a fyddai Senedd er mwyn sicrhau yn y wlad hon amodau cyntaf y gymdeithas fywiol greadigol, Gristnogol."

Cyfeiriodd Gwynfor Evans at y rheini sy'n brwydro yn unig dros ein diwylliant, heb ymddiddori mewn gwleidyddiaeth. "Diwerth," meddai, "yw cefnogi'r iaith Gymraeg os bydd y gweithwyr sy'n ei siarad yn cael eu gyrru o'u gwlad. Senedd ddemocrataidd ar ein daear ni'n hunan oedd y dechrau hanfodol."

Araith fawr wresog oedd hon. Deifiol oedd ei dychan a thanbaid ei hapêl.

"Pan fydd cenedl yn symud ymlaen, pwy all roi terfyn i'w hymdaith hi.

Nid ceisio atgyfodi cenedl farw yr ydym, ond ceisio arwain cenedl fyw at ei rhyddid."

Y Ddraig Goch, Tachwedd 1949

Cyrch y Cymry i Bencader

Rali Fawr Sadwrn Olaf Medi

Ni pherthynai neb i Blaid Cymru pe na bai'n dymuno parhad Cymru a'i hiaith. I'r mwyaf effro y mae hyn yn fwy na dymuniad; y mae'n ffydd ac yn benderfyniad.

Er mwyn amlygu'r penderfyniad hwn yr awn i Bencader eleni. Gyda ni gobeithiwn weld llu o Gymry a berthyn i bleidiau eraill neu na pherthynant i'r un blaid o gwbl, a ddaw am y cydymdeimlant â'r rheidrwydd sydd ar y Cymry i weithredu yn effeithiol gyda'i gilydd fel Cymry os ydynt i ymgadw'n genedl.

Gwnânt fwy na datgan penderfyniad. Addunedant.

Diwrnod llawen fydd Sadwrn olaf Medi i garedigion Cymru, canys cânt arddangosiad cynhyrfus o benderfyniad y genedl i fyw ei bywyd ei hun, wedi ei amlygu gan filoedd a ddaw o bob un o'i thair Sir ar ddeg.

Y Ddraig Goch, Gorffennaf 1952

Proffwydoliaeth Fawr yr Hen Ŵr o Bencader

"Gellir gorthrymu'r genedl hon yn wir, ac i raddau helaeth iawn ei distrywio a'i llesgáu, trwy dy nerthoedd di, O frenin, ac eiddo eraill, yn awr megis cynt a llawer gwaith eto pan haedda hynny. Ei dileu'n llwyr, fodd bynnag trwy ddigofaint dyn, ni ellir, oni fydd hefyd ddigofaint Duw yn cydredeg ag ef. Ac nid unrhyw genedl arall, fel y barnaf i, amgen na hon o'r Cymry, nac unrhyw iaith arall, ar Ddydd y Farn dostlem gerbron y Barnwr Goruchaf, pa beth bynnag a ddigwyddo i'r gweddill mwyaf ohoni, a fydd yn ateb dros y gornel fach hon o'r ddaear"

(Ym Mhencader, bron wyth cant o flynyddoedd yn ôl y llefarwyd y geiriau gan hen Gymro wrth Frenin Lloegr)

Y Ddraig Goch, Awst 1952

Maen Tynged y Genedl

Golygfa i ysgwyd dyn oedd yr olygfa ar y miloedd ym Mhencader.

Mae Mr Gwynfor Evans, Llywydd Plaid Cymru, eisoes wedi'i enwogi'i hun fel un o areithwyr grymusaf Cymru heddiw, ond prin y clywsom ni ef erioed mor ysbrydoledig ag ydoedd ym Mhencader. Aeth ias ar ôl ias drwy'r dyrfa fel yr aeth ef o binacl i binacl. Nid anghofir y profiad yn hawdd.

Golygydd Y Ddraig Goch, Hydref 1952

Proffwydoliaeth Gŵr Ifanc Pencader

Gan mai dyma'r lle y gwnaed proffwydoliaeth o'r blaen, yr wyf fi yma'n proffwydo y bydd Cymru cyn bo hir yn rhydd.

A phrif ffynhonell ein cenedligrwydd yw'r iaith. Ellwch chi ddim adfer iaith trwy ddeddfu o'i phlaid yn erbyn ewyllys y bobl. Rhaid i'r bobl eu hunain ddymuno'i hadfer. Dyna ydym ni am ei wneud. Yr ydym ni am wneud cenedlaetholwyr o bobl Cymru.

Os bydd ar Loegr eisiau dŵr o unrhyw nant ar unrhyw fryn yng Nghymru, mae'n mynd ag ef. Os bydd arni eisiau pridd ein daear ni neu'r glo sydd dan y pridd hwnnw, mae'n mynd ag ef.

Yr hyn sydd arnom ni'i eisiau nawr yw'r ewyllys i ymdrechu i ryddhau gwlad. Y galluoedd – y nerthoedd.

Fe fydd yma Gymru eto, ymhen wyth cant o flynyddoedd arall. Ac fe fyddant hwythau'n cofio, fel yr ydym ni heddiw'n cofio, geiriau'r Hen Ŵr o Bencader. Gadewch i ni fynd ymlaen i orffen y gŵys.

Y Ddraig Goch, Tachwedd 1952

Rali Fawr Plaid Cymru, Llanymddyfri 1962

Nid problem i athrawon a gweinidogion yn unig yw cadw iaith Pantycelyn. Y mae'n broblem genedlaethol. Rhaid i'r genedl fynnu parhad yr iaith.

A oes modd deffro ewyllys y genedl? Yn ddiau, nid trwy unrhyw fudiad sy'n ei gyfyngu ei hun i faes iaith a diwylliant. Y mae iaith yn fynegiant o feddwl, ysbryd a bywyd cymdeithas gyfan. Y mae'n fynegiant o fywyd cenedl, yn union fel y mae cân yr eos yn fynegiant o fywyd yr eos. Ni ellir gwahanu'r ddau. Os bygythir bywyd yr eos, ofer yw dweud "Achubwn ei chân," y mae'n rhaid achub bywyd yr eos ac adfer ei hiechyd. Yr un sut, yr unig ffordd i achub iaith genedlaethol yw trwy achub y genedl.

Ysbryd sy'n gwneud cenedl. Gan hynny ein tasg ni yw ailddeffro'r ysbryd cenedlaethol ac atgyfnerthu ewyllys y genedl i fyw. Rhaid i'r werin fynnu bod yn genedl: rhaid iddi ymfalchïo yn ei chenedligrwydd.

Mudiad cenedlaethol yn unig a all greu sefyllfa felly. Nid oes ond un nod sy'n ddigon mawr i danio'r ysbryd, atgyfnerthu'r ewyllys a deffro teyrngarwch y werin, a dyna'r nod a osodasom o'n blaenau – sef ennill cenedligrwydd cyflawn trwy ryddid cenedlaethol.

Pan fo'r werin wedi dysgu hunan-barch, wedi dysgu sefyll yn gadarn dros bethau gorau ei thraddodiad ei hun, naturiol fydd iddi drosglwyddo ei hiaith i'w phlant trwy ysgolion y genedl. Fel hyn, ac fel hyn yn unig y daw'r Gymraeg unwaith eto yn iaith y genedl gyfan. Dibynna dyfodol y genedl a dyfodol yr iaith ar lwyddiant Plaid Cymru.

I ennill y frwydr wleidyddol, rhaid i ni ennill brwydr y meddwl a'r ysbryd. Y mae Ceidwadwyr ymhob plaid wedi dysgu i'r Cymry feddwl a theimlo fel Prydeinwyr – y gair mawreddog am Sais yw "Prydeiniwr." Y mae Sosialwyr wedi dysgu iddynt mai aelodau o ddosbarth ydynt. Rhaid i Blaid Cymru ddysgu iddynt feddwl a theimlo fel Cymry. Rhaid i ni roi ein holl adnoddau ar waith i orfodi'r Cymry i wynebu'r cyfrifoldeb sy'n gorwedd ar ysgwyddau pob un ohonom – sef ein dyletswydd fel Cymry tuag at y byd i gyd, a'n dyletswydd personol tuag at ein gwlad ein hunain.

Y Ddraig Goch, Hydref 1962

RHYNGWLADOL

Neges Gŵyl Ddewi y Blaid i'r Dominiynau a'r Gwledydd Bach

Anfonodd y Blaid Genedlaethol neges Gŵyl Ddewi i Brif Weinidogion y pum Dominiwn sydd yn y Gymdeithas Brydeinig o Genhedloedd, i India ac i naw o wledydd bach rhydd yng ngorllewin Ewrop.

Geilw sylw yn y neges at gyflwr peryglus Cymru, a chyflwynir egwyddor sy'n hanfodol i ryddid a chyfiawnder a heddwch cydwladol. Anfonwyd y neges gan Mr Gwynfor Evans, Llywydd Plaid Cymru, a Mr JEJones, yr Ysgrifennydd.

Dyma ddetholiad o'r neges a yrrwyd:

Eleni ar ddydd Gŵyl ein Nawddsant Dewi mae Cymru, megis cenhedloedd eraill Prydain a'r rhan helaethaf o Ewrop, yn wynebu sefyllfa argyfyngus, a ddylai orfodi bod ailystyried a diwygio'r polisi a achosodd yr argyfwng.

Dylai Llywodraeth a phobl Lloegr, a dylem ninnau yng Nghymru hefyd, wynebu yn onest y ffaith nad yw Prydain mwyach y blaenaf o'r Galluoedd Mawr felly, cyn ei bod yn rhy hwyr rhaid ailgyfeirio polisi oddi wrth wleidyddiaeth grym tuag at wleidyddiaeth ffyniant. Er mwyn hynny, rhaid rhoddi rhyddid a chyfrifoldeb democrataidd i'r holl genhedloedd oddi mewn ac oddi allan i'r Ymerodraeth Brydeinig sy'n gymwys i hunan lywodraeth.

Cyn lleied yw gallu Cymru i'w hamddiffyn ei hun yn erbyn enbydrwydd heddiw nes bod perygl iddi gael ei llethu a'i difodi. Pe meddai ar hunanlywodraeth, gallai Cymru ddatblygu ei hadnoddau cenedlaethol economaidd a diwylliadol, a thrwy ddatblygu hefyd ei dynoliaeth, gallai wneuthur cyfraniad gwerthfawr i drysorfa gwareiddiad y byd.

Ar y cyntaf o Fawrth, ddydd Gŵyl Dewi, dymunwn alw sylw
cenhedloedd bach Ewrop a chenhedloedd rhydd y Gymdeithas
Brydeinig at gyflwr un o genhedloedd hynaf Gorllewin Ewrop:
gwnawn hynny nid yn unig oherwydd ein bod wedi galw i ennill ei
hiawnderau i'n cenedl ni ein hunain, eithr hefyd oherwydd ein bod yn
argyhoeddedig bod cydnabod yr egwyddor o ryddid cenhedloedd yn
hanfodol i adferiad rhyddid a chyfiawnder a heddwch y byd.

Y Ddraig Goch, Mawrth 1947

Petai Cymru'n rhan o'r Swistir

Yn y Swistir, gwlad fach o brin pedair miliwn o bobl, y mae 22 o
lywodraethau taleithiol a fedd ar allu i ddeddfu ar ran eu talaith. Y
mae gan bob un o'r taleithiau ei senedd a llywodraeth a chyfundrefn
gyfreithiol, ac ni fedr y llywodraeth ganolog ymyrryd â'i galluoedd
deddfwriaethol.

Petai Cymru'n rhan o'r Swistir buasai ganddi ers cenedlaethau ei
senedd, ei llywodraeth a'i chyfundrefn gyfreithiol. Pe dangosai'r Cymry
gyfran o ysbryd annibynnol trigolion y Swistir ni fyddem yn hir cyn
ennill yr hawliau hyn.

Mynnwn ni i Gymru ryddid gwlad, nid hawliau talaith. Ond
heddiw mae ein gwlad yn amddifad o hawliau talaith.

Bydd sôn eto eleni, yn ddiau, am ddatganoli gweinyddol, am roi
rhyw alluoedd i'r Cyngor Ymgynghorol, am Ysgrifennydd i Gymru.
Chwarae â Chymru yw'r pethau hyn.

Gwyddom beth sydd eisiau ar ein gwlad – senedd a llywodraeth ar
ei thir.

Y Ddraig Goch, Ionawr 1953

Teyrnged Gwynfor i bobl Sieco-Slofacia

Y mae'r gwastrodi creulon ar ryddid cenedlaethol a phersonol y
Sieciaid a'r Slofaciaid a'r ffordd ddidostur a ffiaidd yr aed ati i wneud
hyn wedi dychryn y byd a gadael Rwsia a'i chynffonwyr heb gyfeillion.

Galwodd Gwynfor ar y Tŷ i wynebu'r ffaith fod dau rym yn awr yn cwrdd yn Siaco-Slofacia. Un yw cenedlaetholdeb y Siec a'r Slofac, a'r llall yw nerth imperialaeth Rwsia. Saif cenedlaetholdeb Sieco-Slofacia dros ryddid, yn genedlaethol ac yn bersonol. Eithr y mae imperialaeth Rwsia yn hyll, yn erchyll ac yn groes i ryddid. Ffordd o farw ydyw.

Pan siaradwn am ryddid i'r Sieciaid a'r Slofaciaid, gadewch i ni fod yn gyson a chefnogi rhyddid i genhedloedd bach ym mhob man.

Y Ddraig Goch, Medi/Hydref 1968
(Dadl seneddol 26 Awst ar fater Sieco-Slofacia)

Taith i'r America yn llwyddiant sgubol

Bore dydd Mercher, rhwng 7 a 9 o'r gloch, bu'n cymryd rhan yn y rhaglen deledu *Today*. Hon yw rhaglen deledu fwyaf poblogaidd yr Unol Daleithiau, gyda 10 miliwn bob dydd yn gwylio a gwrando. Cyfarfu yno hefyd â chynrychiolydd y *New York Times*, prif bapur dyddiol y taleithiau. Bore dydd Mawrth yr oedd adroddiad helaeth, mewn lle amlwg yn y papur. "Gogoneddus," oedd disgrifiad ein cefnogwyr yno.

Rhwng popeth, yn y tridiau cyntaf, yr oedd ein Llywydd wedi cael penawdau ar y newyddion a'r daith wedi taro deuddeg trwy'r taleithiau.

(Adroddiad yn Y Ddraig Goch, Rhagfyr 1958)

Gwynfor Evans, Llywydd y Blaid, yn Cyflwyno Pobl a Lleoedd a welodd yn America

Os ydys i lwyddo i greu mudiad ar gyfandir America i gynorthwyo Plaid Cymru rhaid peidio ag esgeuluso'r un cyfle i ennill cyfeillgarwch neb lle bynnag y bo, o Alasga i Batagonia – a chwrddais â Chymry o'r ddau ben pan oeddwn draw.

Y Cenhedloedd Unedig

Cyfathrachais â llawer o bobl yn adeilad gwych y Cenhedloedd Unedig. Gan nad oes gan Gymru hawl i fynd yn uniongyrchol i gynadleddau a chynghorau a phwyllgorau'r sefydliad hwn, cyflwynais ein cynnig ar reolaeth gydwladol i'r trefedigaethau i arweinwyr rhai o'r dirprwyaethau. Yn ogystal â dwyn y mater mawr hwn i'w sylw bûm hefyd yn trafod â hwy lawer agwedd ar sefyllfa Cymru, yn arbennig y ffordd y'n cedwir gan y Llywodraeth Seisnig heb donfeddu teledu, ac felly heb wasanaeth teledu cenedlaethol.

Y mae'r Cenhedloedd Unedig yn ceisio amddiffyn rhai pobloedd yn erbyn dinistr i'w hiaith a'u diwylliant, a phe buasai Cymru yn drefedigaeth yn Affrica buasai ers blynyddoedd wedi derbyn ei nodded.

Bûm yn gwrando ar drafodaeth bwysig ar ddyfodol pum gwlad a fydd yn wledydd rhydd yn 1960, sef Togoland, Camaroon, Guinea, Nigeria a Somalia. Ni bydd Cymru yn eu plith y flwyddyn honno, ond pan dderbynnir hi i'r Cenhedlaedd Unedig, sylwais mai rhwng Venezuela a Yemen y bydd ei chynrychiolydd yn eistedd.

Y Ddraig Goch, Chwefror 1959

SAFBWYNT GWYNFOR

Arfau Niwclear

Gymru! Dilyn dy ffordd dy hun

Mae'r frwydr dros ryddid yn ymdrech dros heddwch

Credant fod safle Lloegr yn y byd yn dibynnu'n llwyr ar y bom, a phwysant arno bellach yn fwy nag ar ei holl arfau confensiynol. Cawsom ein rhybuddio'n aml gan rai o brif wyddonwyr y byd, o lawer gwlad, yn erbyn effeithiau ffrwydriadau'r arfau hyn.

A oes amheuaeth pa beth y dylai Cymru ei wneud yn y sefyllfa hunllefus hon?

Pan ddaeth rhyfel 1939, penderfynodd Plaid Cymru nad trwy ymroi i ryfel y Galluoedd Mawr y gellid orau amddiffyn Cymru, a phenderfynodd ar bolisi o newtraliaeth. Yr oedd ei rhesymau, yn wleidyddol ac yn foesol, yn seiliedig ar sefyllfa'r genedl Gymreig a dyletswydd Cymro tuag at ei wlad.

Heddiw, bron ugain mlynedd yn ddiweddarach, cynyddodd y penderfyniad i amddiffyn Cymru; ond erys Cymru yr un mor gaeth, yr un mor analluog i benderfynu dim yn swyddogol drosti ei hun; ac mae ei hamddiffyn hi yn aros yn ddyletswydd wleidyddol gyntaf pob Cymro.

Canlyniad mwyaf tebyg polisi arfau niwclear Lloegr fydd dinistr – dinistr llwyr efallai – i Gymru. Gan hynny gwrthwynebwn y polisi yn gryf, yn ffyrnig. Nid niwtraliaeth mo'n hagwedd tuag at y polisi hwn. Fe'i hymladdwn â'n holl nerth gan anelu at ei ddifodi. Ac yn yr ymdrech hon fe'n cawn ein hunain o blaid bywyd yn erbyn marwolaeth, bywyd Cymru – a bywyd yr hil ddynol hefyd.

Y Ddraig Goch, Ebrill 1958

Cenedlaetholdeb a Sosialaeth

Gwynfor Evans a'r Blaid Lafur yng Nghymru

A yw pob plaid sosialaidd drwy'r holl fyd allan o step yn ei hagwedd at genedlaetholdeb, neu dim ond y Blaid Lafur yng Nghymru?

Dyna'r argraff a gaiff dyn wrth sylwi ar agwedd sosialwyr ar bum cyfandir; ac efallai mai dyna'r esboniad ar y wedd ddiolwg a diegni sydd ar y Blaid Lafur yng Nghymru.

Ym mhob rhan o'r byd yr oedd sosialwyr wedi croesawu'r dynamig cenedlaethol, ond yng Nghymru yr oedd eu harweinwyr wedi cilio oddi wrtho fel mewn ofn, gan leisio gwag ystrydebau cenhedlaeth a aeth heibio.

Rhag i neb dybio mai gormodiaeth yw hyn, ystyriwch yr hyn sy'n digwydd mewn gwledydd eraill. Y mae gwledydd Sgandinafia ymhlith y mwyaf gwareiddiedig yn y byd. Yno bu'r pleidiau sosialaidd democrataidd (sy'n cyfateb i'r Blaid Lafur yma) bob amser yn genedlaetholwyr di-dderbyn-wyneb. Yn yr un modd mewn gwlad arall ym mhen arall y byd, y mae Plaid Lafur Seland Newydd yn gyson wedi ei chysylltu ei hun â buddiannau a rhyddid y wlad honno mewn ffordd na freuddwydiodd y Blaid Lafur yng Nghymru ei dilyn yn achos Cymru.

Y Ddraig Goch, Mehefin 1960

Sosialiaeth – Plaid Genedlaethol ydym

Yng Nghynhadledd Caerfyrddin ymgorfforwyd y gair 'sosialaeth' yn yr amcanion a roddir ar garden aelodaeth… Ni newidiwyd ein polisi gan Gynhadledd Caerfyrddin, na'r un gynhadledd wedyn. Os ŷm yn sosialaidd heddiw fel yr ydym, yr oeddem yn sosialaidd genhedlaeth yn ôl. Yr un oedd ein sosialaeth gymunedol, ddatganoliaethol, ddemocrataidd y pryd hynny ac yw heddiw, a'r un oedd ein safle ar y chwith yn y sbectrwm politicaidd.

Y Ddraig Goch, Chefror/Mawrth 1985

CYMRU A'R FARCHNAD GYFFREDIN

Y mae pamffled Dr Edward Nevin ar Gymru a'r Farchnad Gyffredin yn ein cynorthwyo i glirio ein meddwl ynghylch effeithiau'r datblygiadau economaidd ar Gyfandir Ewrop. Gwyddom oll fod patrwm economaidd Cymru yn wahanol i eiddo'r Deyrnas Unedig. Gan hynny, nid yr un effeithiau a welid yng Nghymru ag yn Lloegr pe ymunai Prydain â'r Farchnad Gyffredin yn Ewrop.

Er bod hyn yn ddigon amlwg, hwyrach bod angen pwysleisio bod yr hyn a drafodir gan Dr Nevin – effaith ymuno ym Marchnad Gyffredin Ewrop – yn gwbl wahanol i'r hyn a awgrymwyd eleni yng Nghynhadledd Plaid Cymru, sef ffurfio Marchnad Gyffredin rhwng gwledydd Prydain pan fydd Cymru yn rhydd.

Angen mawr Cymru yn economaidd yw'r cyfuniad o allu hunanlywodraeth a'r manteision a ddeillia i wlad rydd o ymuno â'r Farchnad Gyffredin.

Y Ddraig Goch, Hydref 1960

Effaith y Farchnad Gyffredin ar Gymru

Rhaid paratoi ar gyfer y byd newydd sydd o'n blaenau, sef gweddnewid ein bywyd economaidd a chymdeithasol.

Mynnaf y bydd canlyniadau mynediad Prydain iddi mor fawr yng Nghymru yn economaidd ac yn wleidyddol – ac yn arbennig yn wleidyddol – nes creu sefyllfa a ymyla ar fod yn chwyldroadol.

Gall mynediad i'r Farchnad Gyffredin dorri'r hen arfer Cymreig o feddwl yn Seisnig ac o ddibynnu'n llwyr ar Loegr. Trwy hyn gall baratoi'r ffordd i'r Cymry synied yn genedlaethol am gymryd eu lle yn Ewrop a'r byd gyda eraill megis yr Iseldiroedd, Norwy, Iwerddon a Lwcsembwrg.

Gall hefyd raddol symud yr ymddibyniad is-ymwybodol ar Loegr. Ni phery'r Cymry y mae'n debyg i deimlo mor ddiymadferth, mor noethlymun wrth feddwl am fyw bywyd cenedlaethol normal ymhlith cenhedloedd Ewrop.

Y Ddraig Goch, Tachwedd/Rhagfyr 1962

Y CYNGHORAU

Cenedlaetholwyr Cymru! Ewch i'r Cynghorau

Ym Mhlaid Cymru y mae cannoedd o aelodau a fedrai sefyll fel ymgeiswyr am un o'r pedwar math o gyngor lleol, ond na wnânt hynny. A gaf bwyso arnoch i ystyried y gwasanaeth hwn fel dyletswydd?

Gwna rhai cynghorau waith rhagorol dros Gymru, ond y mae'n gywilydd na wneir mwy ohono, a chan fwy o awdurdodau.

Arnom ni y mae'r cywilydd mwyaf, nyni genedlaetholwyr a ŵyr am yr angen a'r cyfle, ond a gilia i'n cartrefi pan ddaw'r alwad, ac a ddewis yn aml beidio â chymell ein cyfeillion neu ein cydnabod i sefyll gyda'n cefnogaeth weithgar.

Gan Blaid Cymru y mae'r math o bobl y mae eu dirfawr angen ar ein cynghorau, a phe bai nifer fawr ohonynt yn gynghorwyr trwy Gymru, byddai gwedd ei bywyd a'i rhagolygon yn gwella.

Gan Blaid Cymru y mae'r gorchwyl mawr ac ardderchog o adfer bywyd Cymru. I'w gyflawni, rhaid iddi ddwyn bywyd a gweledigaeth newydd i'r cannoedd awdurdodau lleol. Nid trwy annog oddi allan, ond yn unig trwy weithredu oddi mewn iddynt y mae gwneud hyn.

Y Ddraig Goch, Mawrth 1961

Hunanlywodraeth ar ein trothwy yn ein Cynghorau Lleol

"Mae gennym ni radd o hunanlywodraeth eisoes yn ein cynghorau lleol," meddai'r Henadur Gwynfor Evans, Llywydd Plaid Cymru, mewn cynhadledd llywodraeth leol a gynhaliwyd yng Nghaerdydd y Sadwrn diwethaf.

"Ond er bod Whitehall yn taflu baich ariannol llywodraeth leol yn fwy ac yn fwy ar y trethi, mae hawliau llywodraeth leol yn cael eu cwtogi yn lle eu cryfhau. Yn aml iawn, nid yw'r awdurdodau lleol ond yn was bach i Whitehall," meddai.

"Rhaid i Blaid Cymru ymdaflyd i lywodraeth leol er mwyn newid y duedd hon. Mae ei pholisi yn cynnwys adolygiad llawn o'r dull y telir am lywodraeth leol ar hyn o bryd a sut y dylai'r cynghorau gydweithio i brynu nwyddau Cymreig ac i sefydlu ffatrïoedd i gynhyrchu rhai o'u gofynion a benthyca arian er mwyn helpu i sefydlu diwydiannau lleol.

Mae angen mwy o gefnogaeth ar yr iaith Gymraeg mewn addysg a thrwy gydnabod yr iaith yn iaith swyddogol gydradd â'r Saesneg."

Y Ddraig Goch, Mai 1961

Awdurdod i Ddatblygu Adnoddau Cymru

Yr oedd y Blaid yn galw am sefydlu Awdurdod Datblygu Economaidd i gymryd drosodd rai o alluoedd y Bwrdd Masnach a'r awdurdodau lleol yn y maes hwn, er mwyn sicrhau gweithredu polisi addas ac ymarferol dros Gymru gyfan. Yr oedd hyn yn bosibl ac ymarferol heddiw. Ni allai dim llai gwrdd ag anghenion Cymru ar hyn o bryd.

Y Ddraig Goch, Ebrill 1963

WEDI'R REFFERENDWM

Mandela'r Gymru Newydd

Ond yn awr, yn hydref ei ddyddiau, fel Moses gynt, mae wedi cael y fraint o weld Gwlad yr Addewid o ben y mynydd, a hyd yn oed os na chaiff fyw i fynd i mewn iddi ei hun, mae'n gwybod yn iawn y caiff ei bobl wneud hynny.

"Rwy'n gwybod wedi canlyniad y refferendwm y bydd Cymru'n fyw," meddai wrthyf.

A beth pe baem ni wedi colli?

"Rwy'n credu y byddai Cymru wedi marw. Ond mater o amser yn unig yw hi nawr – 'dwsin o flynyddoedd – cyn y caiff yr un grymoedd trethiannol a deddfwriaethol ag sydd gan yr Alban."

Ond gyda Hen Lafur ar domen hanes, mae ganddo ryw beth caredig i'w ddweud am genhedlaeth newydd y blaid honno. Mae'n edmygu Ron Davies yn fawr:

"Fe ydy'r math o ddyn ro'n i'n gobeithio y byddai'n datblygu yn y Blaid Lafur. Oni bai amdano fe, dwi ddim yn credu y byddem wedi ennill y Cynulliad."

Mae Gwynfor Evans, Mandela y Cymry, yn rhy garedig. Mae yna un dyn arall ar dir y byw sy'n haeddu clod yn fwy na'r Ysgrifennydd Gwladol.

Western Mail, 6ed Mehefin 1998 (cyfweliad gan Simon Brooks)

Yn Gyffrous o Wych – Gwynfor Evans

Roedd ymateb cyn Aelod Seneddol, Caerfyrddin Gwynfor Evans, yn gymysg o atgofion a gobaith wedi i Sir Gaerfyrddin gyhoeddi'r canlyniad tyngedfennol olaf yn y refferendwm yr wythnos ddiwethaf.

"Roedd y canlyniadau'n gyffrous ac yn wych yn y diwedd wedi i ddyn anobeithio roedd yn neilltuol o gyffrous. Roedd hi'n edrych fod y dydd wedi ei golli," meddai fore Gwener diwethaf.

"Roedd i Sir Gaerfyrddin arwyddocâd pwysig iawn imi ac yr oeddwn i wedi cynhyrfu fel pawb arall erbyn y diwedd.

"Dwi'n credu ein bod yn awr ar y ffordd ac y bydd datblygiadau mawr yn y dyfodol. Gyda'r Cynulliad fel ag y mae bydd lle i ddatblygu arno a'r cam nesaf yw dangos ein bod ni'n gallu gweithio a chymryd cyfrifoldeb dros ein bywydau ein hunain."

Y Cymro, 24 Medi 1997

Gwynfor yn anad neb yn haeddu anrhydedd y Cynulliad

Annwyl Olygydd,

Yng nghanol ein cyffro a'n llawenydd fel Cymry o groesawu'r Cynulliad a dathlu llwyddiant ysgubol Plaid Cymru yn yr etholiad, nac anghofiwn gyfraniad ac aberth y gwŷr a'r merched hynny a frwydrodd mor lew dros genedlaethau i ddiogelu a hybu buddiannau ein cenedl, a hynny'n aml yn wyneb cryn wrthwynebiad.

Cofiwn yn arbennig ymdrechion clodwiw y rhai yn y ganrif hon a arloesodd y ffordd i osod cenedlaetholdeb Cymru ar seiliau sicr.

Hyn a ddaeth i'm meddwl wrth wrando ar Gwynfor Evans mewn cyfweliad teledu yn datgan ei lawenydd ar ddiwrnod cyntaf y Cynulliad o weld gwireddu breuddwyd mawr ei fywyd.

Yn Llywydd Plaid Cymru o 1945 i 1981 bu iddo ran flaenllaw yn natblygiad y Blaid yn rym gwleidyddol â rhan allweddol ym mhob menter dros genedlaetholdeb byth er yr Ail Ryfel Byd.

Yn awdur toreithiog ar hanes a diwylliant ei genedl ac yn amlwg ei gred yn egwyddorion Heddychiaeth a Chenedlaetholdeb ni fu neb yng Nghymru yn uwch ei barch nag ef, hyd yn oed gan ei wrthwynebwyr gwleidyddol.

Wrth edrych arno a gwrando arno'n siarad ni allwn lai na gresynu na welwyd yn dda ei wahodd ef yn anad neb i agor y Cynulliad yn swyddogol.

Oni bai amdano ef a'i debyg mae'n amheus a fyddai gennym Gynulliad o gwbl heddiw. Byddai unrhyw gam o eiddo'r Cynulliad i anrhydeddu'r gŵr arbennig hwn yn dra derbyniol gan genedl gyfan.

Yn bur,

Morgan D Jones,

Maesteg,

Morgannwg Ganol.

(Llythyr yn Y Cymro, 19 Mai 1999, gan gyn-Bennaeth Adran y Gymraeg yn Ysgol Gyfun Maesteg)

Gwynfor Evans tops poll for greatest living statesman

Former Plaid Cymru president Gwynfor Evans has been voted the greatest living Welsh statesman in an exclusive *Western Mail* poll.

The 91-year-old scored a sizeable victory with our readers.

He is best known for his stunning victory in the 1966 Carmarthen by-election, widely seen as a key turning point for nationalistic politics in Wales. He will also be remembered for his successful campaign to secure a Welsh-language television channel for Wales in 1980.

(Western Mail, 2003)

Pacifist giant of Welsh culture whose place in history is secure

Wales Celebrates 90 Years of Gwynfor – Steve Dube

Gwynfor Evans has been described as "one of the greatest souls of the 20th century".

Alongside Lloyd George and Aneurin Bevan he is one of the last century's three greatest Welsh politicians. But he arguably stands alone and ahead of them all in the measure of his influence and is one of the few people from any era recognised solely by their christian name…

His pacifism is one of the main reasons why violence has hardly featured in the struggle for nationhood in Wales and in the campaigns in the defence of the language and culture…

The late Professor Gwyn Williams told Gwynfor that his book *Aros Mae* (translated as *Land Of My Fathers*), had inspired him to write, and it spawned an entire industry in Welsh history that continues to grow…

After winning Carmarthen in 1966 the victory prompted the *Daily Mail* to splash its front page with the headlines "Welsh Win Carmarthen" and even the Soviet newspaper '*Pravda*' put him on the front page.

Gwynfor's place in history is secure, and not just through his achievements and influence but by public acclaim.

He was chosen by readers of *Wales On Sunday* as Millennium Icon ahead of Lloyd George and Aneurin Bevan; voted Welsh Person of the Millennium ahead of Owain Glyndŵr by readers of *Y Cymro* and was readers' choice in the *Western Mail*'s Person of the Millennium Award.

They were popular endorsements of the greatest living Welshman of the 20th century.

(Western Mail, 31 Awst 2002)

DARLUNIAU O GWYNFOR

Darlun Islwyn Ffowc Elis

Gwêl o'r Diwedd Ffrwyth ei Lafur a'i Arweiniad

Gwynfor Evans yw'r unig arweinydd cenedlaethol yng ngwledydd Prydain heddiw sy'n ystyried ei hun yn offeryn yn hytrach nag yn Bersonoliaeth Bwysig. Ei unig uchelgais yw bod yn rhan fywiol o broses hanesyddol – y broses o symud y Cymry o dir caethiwed i wlad yr addewid.

Hynny a osododd yn nod iddo'i hun o'r cychwyn, a chydag ystyfnigrwydd ysbrydoledig nid yw wedi colli golwg ar y nod na gwyro fodfedd oddi ar ei lwybr, deled llwyddiant, deled siom. Ac y mae'n llawer mwy cyfarwydd â siom nag â llwyddiant.

Fe garwn i wybod beth oedd yn ei feddwl pan ymgymerodd â Llywyddiaeth y Blaid chwarter canrif yn ôl. Petai'n gobeithio am lwyddiant buan ysgubol fe fyddai wedi torri'i galon ymhell cyn hyn; dyna wnaethai'r mwyafrif o Gymry.

Adnabod

Mae'n rhaid ei fod yn adnabod y genedl druan hon yn well na neb arall a geisiodd ei harwain erioed; a mwy na hynny, yn nabod hanes ac yn ei nabod ei hunan.

Rhaid ei fod yn gwybod y cymerai flynyddoedd maith i ddysgu'r Cymry i feddwl unwaith eto fel Cymry ac nid fel Saeson ail law, ac y cymerai flynyddoedd maith i adeiladu mudiad gwleidyddol Cymreig a fyddai'n ddigon cryf i herio Llywodraeth Loegr heb ddefnyddio dim byd mwy ffrwydrol na phleidlais.

Pan enillodd Plaid Cymru Caerfyrddin a Phlaid Sgotland, Hamilton, fedrai Westminster a'i chynffonwyr wneud dim ond derbyn y dyfarniad mewn dryswch llwyr.

Gorchest

Doedd colli Caerfyrddin dros dro yn ddim ond un siom arall mewn rhes hir o siomedigaethau i Gwynfor. Ond roedd cadw'i bleidlais yno mor gyfan (bron pymtheng mil) yn nannedd yr ymgyrch fwya dyfal a diffaith a ymladdwyd erioed i ddymchwel un aelod seneddol yn orchest anhygoel bron sy'n dangos gwir nerth y Blaid erbyn hyn.

Dyma, o'r diwedd, ffrwyth ei arweiniad diwyro a'i lafur diflino am chwarter canrif. Y cannoedd o filoedd o filltiroedd y teithiodd ar ei gost ei hun ar bob awr o'r dydd a'r nos, i bob dinas a thref a phentref a chwm diarffordd yn ein gwlad i gyhoeddi neges ei rhyddid hi, i ennill aelodau a sefydlu canghennau i'w Phlaid hi.

Heb sôn am y 30 a mwy o bamffledi a gyhoeddodd, a'i lywio dyfal ar y mudiad rhwng creigiau trais ar y naill du a throbyllau pragmatiaeth boliticaidd ar y llall, yn erbyn gwyntoedd croesion y Pleidiau a'r Wasg a'r Teledu Seisnig o'r tu blaen a beirniaid di-help ar gyrion y mudiad cenedlaethol o'r tu ôl.

Gwahaniaeth

Er iddo roi'r flaenoriaeth er 1966 i gario fflam y deffro o Sir Gâr i siroedd eraill Cymru a llefaru a holi'n gyson yn y Senedd ar ran Cymru gyfan, nid esgeulusodd Gwynfor mo'i etholaeth fawr ei hun. Helpodd gannoedd o'i etholwyr yn eu hanawsterau, fe frwydrodd dros reilffyrdd ei sir (a'u harbed) a thros well ffyrdd iddi (a'u cael). Ac y mae llai o ddiweithdra yno heddiw nag mewn unrhyw etholaeth arall yng Nghymru.

Fe aeth bachgennyn anhynod i mewn i lafur Gwynfor. Ond fe wêl Llundain y gwahaniaeth. Fe wêl Cymru ac fe wêl Caerfyrddin.

Ni all ond lles a bendith ddod o hynny.

Y Ddraig Goch, Gorffennaf 1970

Yr Ifanc yn Cyflwyno ein Llywydd

Gwynfor Evans yw Llywydd Plaid Cymru ac fe ddaliodd y swydd
hon oddi ar 1945. Fe'i magwyd yn y Barri, Sir Forgannwg, yn ddi-
Gymraeg – ond ni fyddai neb yn gwybod hynny heddiw. Mae ganddo
saith o blant a phob un ohonynt yn rhugl yn y Gymraeg, wrth gwrs.
Mae'n byw yn awr yn Llangadog, Sir Gaerfyrddin – neu o leiaf dyna
lle mae ei gartref. Ond y mae'n byw ym mhob rhan o Gymru. Mae'n
treulio bron bob dydd a'r nos yn teithio'r wlad i annerch cyfarfodydd,
neu i geisio gwthio ei syniadau trwy bwyllgorau, neu wrth geisio
gweithio dros ei sir ei hun ar y Cyngor Sir.

Yn ei amser hamdden mae'n edrych ar ôl gerddi gwydr. Mae
wedi arwain nid yn unig Plaid Cymru, ond hefyd y wlad gyfan ar
amryw o faterion megis yr ymgyrch yn erbyn boddi Tryweryn; cael
gan Arglwydd Faer Caerdydd alw cynadleddau cenedlaethol ar fater
gwasanaeth teledu i Gymru gyfan; yn erbyn polisi hurt y Bwrdd Glo
ac yn y blaen. Bu'n ymgeisydd seneddol ym Meirionnydd sawl tro,
a chododd gyfran y Blaid o'r bleidlais ym 1959 i dros 23 y cant – y
gyfran fwyaf a gafodd y Blaid yn unman erioed.

Mae'n ymladd yr etholiad nesaf yn ei sir ei hun, yng
Nghaerfyrddin, yn erbyn Megan Lloyd George. Mae ei
ymddangosiadau ar y teledu yn dangos pa mor bwysig y gallai'r
cyfrwng hwn fod i'r Blaid ond i ni ennill yr hawl i'w ddefnyddio yn
yr un modd â'r pleidiau Seisnig. Does dim rhyfedd iddynt ofni rhoi'r
hawl yma i'r Blaid, pan fo gennym arweinwyr gymaint gwell na'u
harweinwyr nhw!

Y Ddraig Goch, Ionawr 1964

Darluniau Golygyddol Y Ddraig Goch
Arwriaeth Chwarter Canrif; Gwynfor a'r Blaid 1945-70

Ym mis Awst 1945, etholwyd Mr Gwynfor Evans yn Llywydd Plaid
Cymru. Ef yw ei Llywydd o hyd – chwarter canrif yn ddiweddarach.
Estynnwn ein llongyfarchion a'n diolch iddo am ei arweiniad a'i
ysbrydoliaeth yn ystod y cyfnod maith hwn.

Un o nodweddion amlycaf Mr Evans yw ei gysondeb. Gwelwyd llawer yn ymuno â Phlaid Cymru ac yn ei gadael; gwelwyd trai a llanw yng ngobeithion pobl yn ystod y chwarter canrif, ond ni phallodd cysondeb diwyro'r Llywydd. Glynodd yn ddiollwng yn y dasg fawr a gymerodd arno'i hun ac y mae ei weithgarwch mor egnïol heddiw ag y bu ar unrhyw amser yn ystod ei lywyddiaeth.

Ymddisgyblodd gyda meddwl unplyg i wneud ei waith. Canolbwyntiodd ei ynni a'i allu ar adfer yng Nghymru "ewyllys i fyw" – i ddefnyddio un o'i hoff ymadroddion. Fel pob gwleidydd wynebodd feirniadaeth lem ond nid yw erioed wedi meithrin casineb yn erbyn ei feirniaid. Gwelodd gymrodyr yn y frwydr yn cilio ac yn ymuno â'r gwrthwynebwyr ond ni surodd nac edliw iddynt eu brad.

Fel arweinydd gwleidyddol ni chododd Cymru neb graslonach, neb mwy unplyg, neb mwy ymroddgar nag ef. Ac ni cheid bwlch yn ein hanes cenedlaethol yn ystod y chwarter canrif na cheid ef yn sefyll ynddo.

Bu ganddo weledigaeth eang. Yn ei ddatganiad cyhoeddus cyntaf ar ôl ei ethol yn Llywydd dywedodd Mr Gwynfor Evans:

"Gyda'r bom atomig a ddileodd Hiroshima cychwynnodd oes newydd. Y mae'n rhaid i'r byd ddod yn un gymdeithas os yw'r ddynoliaeth i fyw. Y mae'r dewis rhwng cymdeithas o'r byd neu ddileu bywyd cymdeithasol. Pa fath gymdeithas? Cymdeithas o genhedloedd rhydd. Erys y genedl yn unig sail bosibl i gymdeithas fyd-eang, a dwysaodd yr angen am gyfoethogi a phuro bywyd cenedlaethol trwy'r byd."

(Detholiad o deyrnged tair tudalen Y Ddraig Goch, Tachwedd 1970)

Hefyd yn 1973

Yn ystod Cynhadledd Flynyddol y Blaid yn Aberystwyth cyhoeddodd Mr Gwynfor Evans ei fod am ymddiswyddo yn 1975 o Lywyddiaeth Plaid Cymru.

Hawdd y gallwn ddeall ei benderfyniad. Yn anad neb ohonom, y mae ef, a dreuliodd ei hun allan er mwyn achos Cymru, yn crwydro o gyfarfod cyhoeddus i gyfarfod cyhoeddus o'r naill ben i'r llall i Gymru, yn haeddu cael ei ryddhau o'r dasg.

Gwyleidd-dra

Byddai'r un mor nodweddiadol o'i wyleidd-dra iddo deimlo'i bod hi'n bryd iddo roi lle i rywun arall o'r to iau o arweinwyr y mudiad.

Gallem ddeall un o'r ddau gymhelliad. Eto, fel y *Welsh Nation*, teimlwn ninnau y dylem bwyso arno i ailystyried ei benderfyniad.

Nid am nad oes gennym arweinwyr ifanc a all arwain y mudiad yn ddoeth, yn alluog, ac yn ddewr. Ond yn hytrach am mai cynnyrch hunanaberth gwleidyddol Gwynfor yn anad neb yw Plaid Cymru heddiw, ac y dylai ef felly ein harwain o leiaf am yr ychydig flynyddoedd sy'n aros hyd nes y cawn Senedd etholedig yng Nghaerdydd. Byddai hynny'n goron haeddiannol ar ymdrech ddi-ildio ei fywyd.

Nid yw Gwynfor Evans ond gŵr ifanc 61 oed. Gobeithiwn y bydd iddo ailystyried ei benderfyniad. Yn sicr dyna ddymuniad pobl y Blaid, a phobl o'r tu allan i'r mudiad trwy Gymru.

(Golygyddol Y Ddraig Goch, Tachwedd 1973)

Y Brifysgol yn Anrhydeddu Gwynfor

Mewn Seremoni Raddio Prifysgol Cymru yn Aberystwyth yn ddiweddar fe roddwyd

Gradd Anrhydedd Doctor yn y gyfraith i Mr Gwynfor Evans. Dyma eiriau'r Dr Geraint Gruffydd wrth gyflwyno Mr Evans i'r Canghellor:

Anrhydeddus Ganghellor,

Fy mraint i yw cael cyflwyno i chwi dderbyn Gradd Doctor In Legibus Honoris Cause, Gwynfor Richard Evans.

Fe aned Gwynfor Evans ddwy flynedd a thrigain yn ôl i deulu a gyfrannodd yn helaeth ym mhob rhyw fodd i fywyd tref y Barri. Wedi derbyn addysg yn Ysgol Sir enwog y dref honno pan oedd yr Uwch-gapten Edgar Jones yn Brifathro, fe ddaeth ymlaen i'r coleg hwn ac ennill ei radd yn y Gyfraith dan gyfarwyddyd y digymar Athro Levi, cyn symud i Rydychen i gwblhau ei efrydiau yng nghynteddau llednais Coleg Sant Ioan. Gydag amser fe ddaeth yn gyfreithiwr cyflawnarfog.

Ond fe ymddigrifodd ei galon, chwedl y Salm Fawr, mewn cyfraith uwch a mwy cyffredinol na honno yr hyfforddwyd ef ynddi. Fe glywodd alwad i weithio dros heddwch rhwng pobloedd a'i gilydd, a thros ryddid i'w wlad i fyw ei bywyd yn ei ffordd ei hun, ac fe ymatebodd yn ddiarbed i'r ddwy alwad hon.

Yn ystod yr Ail Ryfel Byd fe safodd yn ddiwyro dros heddwch. Ar ddiwedd y rhyfel hwnnw fe'i hetholwyd yn Llywydd Plaid Cymru ac y mae'n parhau'n Llywydd arni: fel y dywedwyd yn ddiweddar, y mae ei lafur a'i deithiau drosti drwy'r blynyddoedd i'w cymharu â llafur a theithiau efengylwyr mawr y ddeunawfed ganrif, ac ni ellid teyrnged uwch.

Am bedair blynedd lachar bu'n Aelod Seneddol ei blaid dros ei sir fabwysiedig, sef Sir Gaerfyrddin. Ond heblaw fod yn brif saer ac adeiladydd Plaid Cymru am genhedlaeth gyfan, fe wasanaethodd ei genedl mewn llawer cylch arall: mewn llywodraeth leol, fel Llywydd Undeb yr Annibynwyr Cymraeg, fel aelod gwerthfawr o Lys a Chyngor ei Brifysgol a'i Goleg, ar Gyngor Darlledu Cymru, a phle bynnag yr oedd achos Cymru yn galw am ddiffynnydd a'i hawliau am ladmerydd.

A heblaw cyfrannu at lenyddiaeth ei blaid fe feiddiodd wneud peth na feiddiodd yr un hanesydd proffesiynol ers blynyddoedd, sef rhoi ei olwg ef ei hun ar hanes Cymru o'r cychwyn hyd heddiw rhwng dau glawr yn y gyfrol wir werthfawr *Aros Mae*.

Bellach ni all neb sy'n gwerthfawrogi boneddigeiddrwydd, haelfrydedd, ffyddlondeb i ddelfryd a hunanaberth warafun i'r gŵr hwn ei anrhydedd.

Anrhydeddus Ganghellor, cyflwynaf i chwi garwr heddwch heb gymrodedd, gwleidydd heb uchelgais bersonol ac yng ngeiriau Bleddyn Fardd yn ei Awdl farwnad fawr i Lywelyn yr Ail (a newid un gair) 'Gŵr sydd dros Gymru, hy a'i henwaf' – Gwynfor Richard Evans.

Y Ddraig Goch, Mehefin 1973

Teyrnged y Naill i'r Llall

Teyrnged i Sylfaenydd

Fis Hydref roedd Mr Saunders Lewis, tad a sylfaenydd y Blaid, golygydd cyntaf y papur hwn, a phrif ysgogydd y deffroad cenedlaethol, yn dathlu ei ben-blwydd yn 80 oed.

Unwn gyda Mr Gwynfor Evans yn y llythyr isod i ddymuno'n dda iddo ar yr achlysur, a diolch iddo am yr ysbrydiaeth a fu inni tros yr hir flynyddoedd.

Llythyr

15 Hydref 1973

Annwyl Mr Lewis,

Carem ar ran holl aelodau Plaid Cymru estyn ein cyfarchion gwresog i chwi ar achlysur eich pen-blwydd yn bedwar ugain mlwydd oed. Mae ôl eich dylanwad i'w deimlo heddiw y mha le bynnag y meddylir yn wleidyddol am Gymru ac ym mha le bynnag y darllenir Cymraeg. Rydym yn ymwybodol iawn mai eich creadigaeth chwi yn bennaf yw'r mudiad y perthynwn iddo, ac na allen yn hawdd fesur ein dyled i'ch arweiniad a'ch ysbrydoliaeth ar hyd y blynyddoedd.

Er bod cymaint eto i'w gyflawni bydd eich esiampl ddiwyro gennym am byth i'n gyrru ymlaen i fuddugoliaeth.

GWYNFOR EVANS

Y Ddraig Goch, Tachwedd 1973

Teyrnged S.L. i Gwynfor

Yn ddiweddar bu Pwyllgor Gwaith Plaid Cymru yn trafod sefydlu swydd newydd o Lywydd Anrhydeddus i'r mudiad. Awdurdodwyd yr Ysgrifennydd Cyffredinol Mr Dafydd Williams i ohebu â Mr Saunders Lewis i gael gweld a fyddai'n fodlon ystyried yr anrhydedd. Ond, wele ateb Mr Lewis:

158, Westbourne Road
Penarth
Morgannwg
20.1.1974
Annwyl Mr Williams,

Diolch ichi am eich llythyr, Ionawr 17. Gan mai yn 1975 y byddwch yn dathlu hanner canmlwyddiant y Blaid, a bod Mr Gwynfor Evans wedi dweud ei fod yn ymddiswyddo o'r llywyddiaeth yn 1975 – a gaf fi bwyso arnoch i gadw'r Llywyddiaeth Anrhydeddus i Mr Evans a neb arall.

Fe ddaw ei haeddiant ef yn amlycach gyda'r blynyddoedd. Fe gadwodd y Blaid rhag peryglon mawr o'r tu mewn ac fe enillodd iddi barch ac ofn o'r tu allan.

Ni allwn i freuddwydio am dderbyn anrhydedd sy mor eglur yn aros yn arwydd o'n dyled ni oll sy'n genedlaetholwyr i Mr Evans.

Yn gywir iawn,
Saunders Lewis

Y Ddraig Goch, Mai 1974

Gwynfor Evans: golwg ar ei waith a'i feddwl gan Pennar Davies

Argraff

Annichon oedd edrych ar Gwynfor heb ei hoffi a'i edmygu. Cyfunai urddas a rhadlonrwydd, hyder a chwrteisi, swyn a syberwyd. Nid yw amser a siomiannau a buddugoliaethau wedi ei ysbeilio o'i rinweddau.

Tair prif thema oedd ganddo: heddwch byd, hawl Cymru i fyw a gwerth a chyfle Cristnogaeth.

Cred Gwynfor Evans fod i Gymru ei lle a'i chyfle arbennig ymhlith y cenhedloedd. Cytuna â'r dywediad enwocaf yn hanes Cymru ar werth y genedl o dan drefn rhagluniaeth, sef geiriau'r Hen Ŵr o Bencader yn y ddeuddegfed ganrif; a cheir rhyw adlais o'r rhain yn haeriad Gwynfor Evans am gyfrifoldeb arbennig y Cymry: "Yn y cornelyn hwn o Ewrop y'n rhoddwyd ni yn warcheidwaid y darn hwn o wareiddiad." Myn

Gwynfor hefyd gennym wynebu ein dyletswydd yn y presennol:
"Dyletswydd wleidyddol gyntaf pob dyn yw ei ddyletswydd tuag at ei
genedl… Dyma ddechreuad moesoldeb mewn gwleidyddiaeth…"

Daw seiliau crefyddol dysgeidiaeth Gwynfor Evans am y genedl i'r
amlwg yn y gosodiad: "Os credwn fod ystyr i fywyd ac i hanes a bod
trefn ragluniaethol i'r byd, ni ellir osgoi'r ffaith fod pwrpas i fywyd
cenedl."

Brawddegau olaf Pennar Davies

Rhaid bod Gwynfor Evans yn destun rhyfeddu i'w gydseneddwyr yn
Nhŷ'r Cyffredin yn Llundain. Mae ei holl ragfarnau yn ymarswydo
rhag ei argyhoeddiadau, ac eto y maent yn gorfod ymdeimlo ag urddas
ei feddwl a'i unplygrwydd a'i foneddigeiddrwydd. Ym Mhlaid Cymru
bellach amgylchynir ef gan arweinwyr newydd ieuainc, addawol,
dawnus anghyffredin. Efe ei hun – megis yn ei *A National Future
for Wales* (1975) – sy'n pwysleisio'n falch ac yn llawen fod y rhain
yn llawer iau nag ef ac mai yn eu dwylo hwy i fesur cynyddol y mae
dyfodol ei fudiad a'i wlad. Ond y gwir amheuthum yw ei fod ef mor
ifanc â'r ieuaf ohonynt.

Cyhoeddwyd gan Tŷ John Penry, Abertawe, 1976

Rhag Pob Brad – Rhys Evans

Geiriau Rhys Evans am Gwynfor Evans yn y bennod 'Hen Ŵr
Pencarreg, 1983–2005':

Coron ei yrfa oedd gweld pleidlais Ie yn yr ail refferendwm ar
ddatganoli ym Medi 1997. I Gwynfor, roedd y bleidlais hon yn
cyfiawnhau nid yn unig bopeth a safodd drosto ond hefyd ei dacteg
personol; dyma'r prawf diymwad iddo ef y medrai Cymru gael
rhywbeth drwy chwarae'r gêm seneddol… Serch mai trwch blewyn
oedd ynddi, roedd y ffaith mai Sir Gaerfyrddin a gyhoeddodd olaf
ar noson hynod ddramatig yn ategu rôl y sir honno (a'i rôl bersonol
yntau) fel gwaredwr cenedlaethol. Er bod y gymhariaeth yn or-syml, ni
fedrodd sawl sylwebydd ond gweld tebygrwydd rhwng 1997 a 1966.
Drannoeth tyrrodd y camerâu teledu i Bencarreg er mwyn clywed barn

yr hynafgwr ynghylch y noson a ystyriai fel y bwysicaf yn holl hanes Cymru. I Gwynfor, roedd arwyddocâd y canlyniad yn syml: byddai'r Cynulliad, ys dywedodd wrth Bobi Jones, yn 'ddigon i ddiogelu bywyd y genedl'. Rai dyddiau'n ddiweddarach, yng Nghynhadledd Flynyddol Plaid Cymru, cyfarchwyd Gwynfor fel y gŵr a enillodd y chwyldro gweinyddol mwyaf yn holl hanes Cymru. Pan etholwyd 17 o aelodau Plaid Cymru i'r Cynulliad cyntaf ym 1999, gwelai Gwynfor wawr eirias newydd ar fin torri. Dyma oedd thema fawr y gyfrol a gyhoeddodd flwyddyn yn ddiweddarach, *The Fight for Welsh Freedom*. Ar ddechrau milflwydd newydd, ni allai lai nag ymfalchïo fod y Cymry'n byw mewn 'unusually hopeful period'.

Yn sylfaenol, credai Gwynfor fod i bawb ei 'bwrpas' ar y ddaear a thybiai mai ei 'bwrpas' yntau, byth oddi ar ei dröedigaeth, oedd achub Cymru. A'r genedl bellach yn saff a'i gorff yn prysur ddadfeilio, barnai fod ei bwrpas daearol yntau'n darfod. Er y credai mewn bywyd tragwyddol, dechreuodd ddarllen llyfrau ysbrydol a châi ei fab Dafydd yr argraff ei fod yn paratoi i wynebu ei Dduw. Aeth Gwynfor i Eisteddfod Llanelli yn 2000 er mwyn derbyn anrhydedd Cymry'r Cyfanfyd ond hwn fyddai ei ymddangosiad cyhoeddus olaf. Serch y bonllefau o gymeradwyaeth, roedd y gadair olwyn a'i cludai yno y diwrnod hwnnw yn symbol clir iawn fod osteoporosis yn mathru ei esgyrn brau.

Ym Mawrth 2001, cymerodd at ei wely ac fel hyn y bu hi am y pedair blynedd nesaf... Daliai hefyd i geisio creu cenedlaetholwyr; dyma oedd amcan y gyfrol y bu'n gweithio'n ysbeidiol arni drwy'r blynyddoedd hyn, *Cymru o Hud*.

... Defnyddiodd ei gyfweliad olaf un, yn Nhachwedd 2004, i ymosod yn ddiarbed ar Tony Blair a'i benderfyniad i fynd i ryfel yn Irac. I'r newyddiadurwr a wnaeth y cyfweliad hwnnw, Martin Shipton, roedd y profiad o gwrdd â Gwynfor am y tro cyntaf ac yntau yn ei wendid fel cwrdd â gweledydd.

Yna, dywed yr awdut yn y bennod *Aros Mae*: Yr Etifeddiaeth: Roedd Gwynfor am ddychwelyd i'r Garn Goch, i'r pridd, daear

Cymru, y ddaear a roes fod i'w weledigaeth. Ond wrth i'w lwch ddiflannu i'r pedwar gwynt, erys y gwaddol. Trwy ei 'achub' ei hun rhag bryntni'r Barri, newidiodd Gwynfor Evans gwrs hanes Cymru. O Queensferry i Gasgwent, ceir llinell; i'r gorllewin o'r llinell hon y mae'r Cymry'n byw, ond ni chawsant eu geni'n Gymry. Maent yn Gymry am iddynt ddewis bod yn Gymry. Oes, mae yna nifer mawr o bob plaid wedi sicrhau mai fel hyn y byddai hi, ond ni wnaeth neb fwy na Gwynfor yn ystod yr ugeinfed ganrif. Nid hon oedd y Gymry Gymraeg Gristnogol y breuddwydiodd Gwynfor amdani, ond Cymru yw hi o hyd. Roedd Cymru y genedl a garodd mor angerddol, wedi goroesi, rhag pob brad.

Rhag Pob Brad, Y Lolfa, 2005

Y BLEW A BUDDUGOLIAETH GWYNFOR

Dyddiadur 60au
Dafydd Evans

Dyddiadur gonest, gwreiddiol a meddylgar mab Gwynfor, Dafydd, a sefydlodd y grŵp roc trydanol Cymraeg cyntaf erioed. Datgelir llawer am agweddau'r cyfnod ac am fywyd yn Talar Wen.

"Cofnod gwerthfawr o gyfnod pwysig – ar sawl lefel – yn hanes Cymru a'r byd." – DAFYDD MEIRION

£12.95 clawr caled

yLolfa